Idea man

最高深度學習法

How to Train Your Brain, Develop Expertise,
Learn More in Less Time, and Become a Human Sponge

LEARN LIKE EINSTEIN (2nd Ed.)

開發大腦潛力，快速提升學習質與量，
像愛因斯坦一樣學習，成為超級知識海綿

PETER HOLLINS

人類心理學研究者 **彼得・霍林斯** 著

魏岑 譯

目錄

第3章 思想的力量——腦中的世界 111

第4章

學習的藝術——失敗．解決問題．愛因斯坦的閱讀方式

157

第1章

好奇心是關鍵・如何保持專注

CURIOSITY IS THE KEY AND HOW TO REMAIN FOCUSED

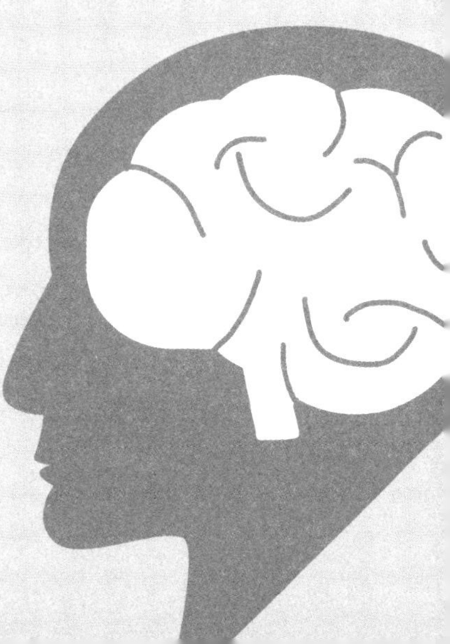

阿爾伯特·愛因斯坦（Albert Einstein）是史上最著名的科學家、思想家與哲學家，在科學領域有相當亮眼的成就。然而一般人可能會好奇：這跟我有什麼關係？大家不瞭解的是，他對學習的許多觀察，仍與現今的日常生活息息相關。

本書將愛因斯坦這位傳奇人物的許多洞見帶入生活，探討的主題甚廣，從好奇心、專注力、目標設定到冒險精神，皆涵蓋其中。

在本書中，將有機會透過實用指南、自我反思和發人深省的概念，發掘自己的學習風格，從而激發自身內在的「愛因斯坦」潛能。這些知識適用於各年齡層，幫助我們變成更有創造力的思考者。對於每位想要獲得自信、充分利用自己的效能，同時遊刃有餘地消化複雜資訊的人來說，本書就像良伴摯友。

「好奇心」對終身學習者來說，是一項極為重要的資產。它是一種內在動力，驅使人們不斷追求知識和思想，扮演積極求知的重要推手。從三歲幼童無止境的探索，到像愛因斯坦這種知名科學家提出的精密理論，背後都是基於好奇心的驅使，使人們能夠從不同的角度感知現象，並且理解這些現象背後的關聯性。

本章節將著重在與這些內在動力互動，透過專注於有限的關鍵目標上，追求新的主題和概念，推動自己堅定地朝這些目標前進，藉此發展樂觀迎接挑戰的諸多技能。

好奇心開啟一切

愛因斯坦完全革新了人們對世界的看法，然而他並不覺得自己多麼天賦異稟。反之，他相信「想像力勝過知識的力量」，將他的成就歸功於無與倫比的好奇心。他渴望理解自身領域之外的事物，因而產生對答案、問題和想法的不懈追求，形塑了現今人類對科學的理解。

那麼，**好奇心究竟是什麼？為什麼它應該被重視？以及它是如何激發人類的想像力，使我們成為更出色、更有活力的學習者呢？**

好奇心可以被定義為「對某事想要學習或瞭解更多的渴望」。它是一種探索、發現和學習的強大動力，也是人類本性的一部分。當我們對某事感到好奇時，就會被驅使尋求新的訊息、提出問題，探索自身周遭的世界。

這種探索和發現的過程對學習和個人成長至關重要，它是激發人類想像力，使我們成為更好、更有活力的學習者的動力[1]。

此外，好奇心還有助於發展成長型思維[2]。成長型思維是一種信念——相信無論技能或知識基礎如何，都可以不斷學習和改進自己[3]。這種「只要辛勤工作，努力付出，就能克服困難和失敗」的觀點，有助於我們不斷進行個人成長。

那些具有成長型思維的人，會擁抱他們的好奇心，也不害怕失敗；反之，他們

1 Grossnickle，2016。
2 Purdy，2020。
3 Dweck，2016。

會將失敗視為學習的重要過程。愛因斯坦在童年時期，被認為是註定要失敗的孩子。他四歲才開始說話，十六歲時也未能通過瑞士蘇黎世聯邦理工學院的入學考試。但他從未放棄理解宇宙。如果連他都不放棄，那為什麼我們要放棄呢？

擁抱與生俱來的好奇心，尋求新的知識和經驗，我們便可以成為更出色、更好學的學習者，最終過上更充實的生活。

瑪麗．居里（Marie Curie）就是受到好奇心驅使而創新的真實例證。瑪麗．居里是一位物理學家和化學家，以對放射性的研究聞名。好奇心和理解周遭世界的渴望，使她成為二十世紀最具影響力的科學家之一。她是首位獲得諾貝爾獎的女性，也是第一個在不同科學領域獲得兩次諾貝爾獎的人[4]。

居里在放射性方面的研究成果，為核物理的發展鋪了路，也為醫學和能源領域帶來許多重要發現。她的好奇心和對科學的奉獻精神，驅使她追尋新知並進一步拓寬當時知識範圍的極限。

好奇心激發了居里的想像力，使她成為更好、更求知若渴的學習者。她傳承下來的精神，持續激勵世界各地的科學家和學習者，懷抱永無止境的好奇心，探索未知的領域。

從上述例子可以清楚看出，好奇心會讓人打破砂鍋問到底，不斷尋求新知，質疑現有的假設，找到創新的解決方案。這些好奇寶寶通常都是冒險家，可以打破束縛思維的框架，而這是應對生活中大小難題所必備的技能。

4 Jardins，2011。

愛因斯坦就是深刻理解這點，所以才高度重視好奇心。他提出：「我並沒有特別的才華，我只是有無可救藥的好奇心罷了。」這句話說得沒錯，他解開了許多奧祕，徹底顛覆大眾對物理學的理解，再次證明研究精神的可貴！

阿爾伯特．愛因斯坦出了名地喜歡強調好奇心對學習的重要性，認為它是想像力和創造過程的前奏。這個觀點得到充分的支持，因為他所有革命性的發現，都是受到某種無法滿足的興趣，以及對探究未知的激情所推動。

從光和時間的理論，到對量子力學基本原理的質疑，愛因斯坦廣博的知識，源自於對知識的渴望和深入探索新領域的熱情。**他的發現清楚地表明，好奇心和有意義的發現之間存在積極相關性**。因此，毫無疑問，好奇心在當今的思想和探索進步中仍然相當重要[5]。

愛因斯坦相信知識雖然有限，但並非是靜態的，這代表藉由新資訊的發現和新思想的發展，知識會隨時間擴展和深化。然而，他也認知到，永遠都會有未知的知識存在，意味著人們總會有更多需要學習和發現的東西。這個信念激勵他不斷尋求新知，質疑自己的假設和信仰，以加深對周遭世界的理解。

簡單來說，愛因斯坦相信，透露自己的無知、持續發問，是解鎖新知識和新發現的關鍵。承認自己有所不知，就能激勵自身尋找問題答案，探索未知。

愛因斯坦對知識和無知的看法，突顯了在追求知識和理解的過程中，好奇心和質疑的重要性。透過擁抱無知並提出問題，我們可以不斷擴展對周遭世界的理解，

---

5 Stagl，1995。

為人類的福祉做出重要貢獻。

他相信擁有好奇心以及對現狀提出質疑的意願，對科學和知識的進步至關重要。愛因斯坦強調，好奇心和質疑是對教條及盲目遵循傳統或權威的反動。因此，藉著挑戰假設並探索新思想，人們可以發現新的真理，在科學、技術和社會方面有重大突破。

本質上，**愛因斯坦敦促人們擁抱對知識的好奇，培養開放的思維**。他認為，這種學習和發現的方式，不僅對科學進步至關重要，**也對個人成長和實現有益**。但是，該如何展現這種智性上的好奇心呢？

利用對周遭世界的興趣並提出問題，可以深化我們對自身和居住世界的理解。發現新的想法和問題解決方案，為人類的共同利益做出貢獻。要發掘一個人創造優秀的新點子，關鍵在於提出**正確的問題**。

馬馬杜克寫作工廠（The Marmaduke Writing Factory）的聯合創始人沃倫・伯格（Warren Berger），針對世界上一些最優秀的設計師進行研究，發現這些人有個主要共通點：他們會提出很多聰明的問題。問對問題可以引導出令人驚豔的想法和發展，而拍立得就是其中一個絕佳的例子。

創作者埃德溫・蘭德（Edwin Land）從他四歲女兒的提問中得到了靈感。當時，女兒問他：「為什麼照片要花這麼長時間才能顯影？」這個問題使他發明我們現在所知的拍立得。提出好的問題將打開人的思維，讓我們看到驚人的可能性——無論是在設計領域還是其他領域！

讓我們來看一個例子，說明為什麼提出更好的問題能提高人的好奇心，進而帶來新見解和發現。假設一個人對氣候變遷及其對環境的影響感興趣，他們會從一個基本的問題開始，像是：「什麼是氣候變遷？」但要加深他們的理解並激發好奇心，就需要提出更具體和精準的問題。

例如，他們可能會問：「氣候變遷的主因是什麼？氣候變遷對世界不同地區會有什麼影響？有哪些方法可以減少氣候變遷的影響？企業和政府如何因應氣候變遷的挑戰？有哪些技術或創新正在開發，以應對氣候變遷？」

透過提出更具體和聚焦的問題，更深入瞭解氣候變遷這個複雜的主題，並對該主題形成更加細緻的觀點。人們會發現新的見解或想法，而這些見解或想法有機會引導我們，探索相關的主題或研究領域。

提出正確問題的方法

從基本原理開始

從基本原理開始，是提出更好問題的好方法。專注於基本知識，建立一個穩固的理解基礎，有助於提出更豐富和深刻見解的問題。

根據柏格（Berger）的說法，在學習過程中，通常有兩個問題太晚才被注意到，那就是「我為什麼需要理解這個？」、「知道這個對我有什麼影響，對其他人有什麼重要性？」這些問題在初期是非常有益的，因為此時我們的心靈最為開放，好奇心正蓄勢待發、潛伏於表面之下。

柏格的觀察強調了「提出開放性大哉問」的重要性，這些問題會激發進一步的探索和詢問。這些類型的問題，通常會演變為一段包含不同階段的探究過程。

第一個階段是「猜測性探究」（speculative inquiry），提問者會在這個階段探索不同的可能性並產生想法。此階段對擴展思維、生成各種潛在解決方案或答案至關重要。在這個階段會提出像是「我為什麼要理解這個？」的問題。

第二個階段是「情境探究」，提問者尋求影響潛在答案或解決方案的情境、環境和限制因素。這個階段有助於完善人們的想法，思考如何實際將這些想法付諸實行。最後，「建設性探究」則會根據前幾個階段獲得的見解，發展和完善具體的解決方案或想法。這個階段使人們能夠從抽象的想法轉向具體的行動步驟。

例如，假設一個團隊正在開發一個新的產品，像是一個智能手錶，在猜測性探究階段，他們可能會研究使用者在可穿戴設備中，正在尋找的特色和功能。在情境探究階段，他們或許會進行使用者訪談或觀察，以瞭解使用者如何使用目前的設備、遇到了什麼困難，以及有哪些因素會影響購買決策。

基於這些見解，他們可能會轉向建設性探究階段，生成可以滿足使用者需求的功能想法，並透過原型製作（prototype）和使用者測試評估這些想法。

總而言之，採取這個探究過程，產生新的見解和想法，這些見解和想法將引導我們找到答案，即使這些答案可能與當初的預期有出入。有時最偉大的發明，反而是在不經意中發現的。

探索不可能的事物

探索不可能的事物是挑戰界限和質疑假設的一種方法。它涉及想像和檢驗那些看似不切實際、難以實現，甚至荒謬的想法，但這些想法會帶來意想不到的創新解決方案。

透過探索不可能的事物，打破人們慣用的思考方式，考慮新的可能性。這個方法在需要創新的領域，如科學、技術和藝術上尤其有用。歷史上一些最重大的突破，即是來自那些勇於想像不可能的人。

然而，要注意並非所有天馬行空的想法都會有用或可行，這點非常重要。探索不可能應該被視為一種創造性的練習，而不是真正實際的操作辦法。這是產生新想法的方式，這些想法可以被進一步精煉和調整，使它們更加務實可行。

許多創意天才已經證明，突破界限和探索不可能，通常會產生創新與改寫遊戲規則的解決方案。正如柏格所指出的，反覆自問「如果……會如何？」將在所有領域中產生新穎的想法，因為即使看似不可能的概念，也可能引發潛在的可行性。

以飛行或太空旅行為例，那些曾經被視為荒誕不經的可能性，如今已成為現實，這都要歸功於對探索看似不可能的事物充滿渴望的人。同樣，如人工智慧這種革命性的技術，也正在藉由探索以往無法想像的深度，開闢新的前景。

顯然，如果人類想要從技術進步中受益，找到通往成功的隱藏途徑，就應該積極擁抱並追求不可能的探索。想要「探索不可能」和「提出以前從未提出過的問題」，**必須具備挑戰既有假設的意願、創造性思維與接納不確定性**。

以下是一些探索不可能並產生新奇問題的策略：

- **從「如果……會如何？」的問題開始**：「如果人類可以移動得比光速更快呢？」、「如果人類可以與動物溝通呢？」、「如果人類可以讀取思想呢？」

這種類型的問題有助於想像新的可能性，開闢新的探究方向。

- **挑戰假設**：識別自己所處的領域或興趣中普遍存在的假設，然後質疑它們。例如：「人類真的需要每天睡八個小時嗎？」、「真的需要使用化石燃料驅動交通工具嗎？」挑戰假設會帶來新的觀點和見解，有助於學習和成長。
- **尋找來自專業之外的靈感**：探索與自身領域無關的其他學科和興趣。問自己「可以從中學到什麼？」和「怎麼將它應用到我的工作中？」如此將引發意想不到的聯繫和見解。
- **利用類比**：它可以幫助人們以一種新的方式思考問題或想法。例如：「大腦和電腦有什麼相似處？」、「宇宙和一個巨大的時鐘有何異同？」類比幫助人們看見未注意到的模式和關係。

- **與他人一起腦力激盪**：與他人合作有助於產生新的想法和觀點。鼓勵他人分享他們最瘋狂和最有創意的想法，並在彼此的想法上進一步發展，產生更多可能性。

透過這些策略，人們會產生新穎的問題和想法，引導出創新解決方案和突破的潛力。

讓腦力激盪更有效的好方法，是讓團隊參與類似遊戲的活動。其中一個活動為「蘑菇遊戲」（Mushroom Game）。玩這個遊戲時，每個人都要坐在一個圓圈內。第一個人先丟出一個與正在討論的概念或主題相關的詞語，接下來的人再說一個相關的詞語。

如此持續下去，直到創建至少三個不同的想法，它們彼此間有所關聯，分支從其底部放射出來，形成一個像蘑菇的形狀，這就是該活動名稱的由來。

以這種方式進行遊戲，鼓勵創造性的思維，防止人們只固守於單一想法。此外，它促使參與者成為前瞻性思考者，因為他們需要提前思考，確保貢獻的詞語與主題保持相關，並且相互聯繫。

承認並面對個人偏見

此外，承認並面對個人偏見，對提出更好的問題來說至關重要，因為偏見會影響個人感知和解釋訊息的方式。偏見是潛意識中的信仰或態度，甚至會在未察覺到的情況下影響人們的思維、情感和行為。如果不加以檢查，偏見會導致有缺陷的推理、假設和決策，阻礙整個學習過程。

為了認識並面對個人偏見，建議採取以下這些步驟：

一、自我覺察：花時間反思自己的信仰和假設。識別存在偏見的領域，如政治、宗教、文化、性別或種族。此外，刻意找尋與自己不同的觀點，主動探索和聆聽那些觀點，與不同背景的人交流，閱讀來自不同觀點的新聞，探索不同的文化。

二、挑戰假設：當遇到挑戰自我信仰的訊息時，問問自己為什麼持有這些信仰，尋找支持或反駁這些假設的證據。最後，進行批判性思考，客觀分析訊息，考慮多個觀點，並提出深入的問題。

自我覺察和挑戰假設將極大地幫助我們看到、感受和理解周遭世界的複雜性。而提高覺察意識的有效方法，是在假設出現時質疑自己的假設。

例如，如果一個人堅持認為智力是固定且不可改變的假設，他就不會努力嘗試學習新事物或發展技能，這時他必須積極評估自己的基本信仰，挑戰這些假設，並意識到「努力」在發展智力方面發揮了重要作用，從而採取積極的步驟，實現進一步的成長。認識並克服偏見，人們將更有效地提出問題，思考多個觀點，得出更為全面和合理的結論。

深度挖掘

提出跟進問題（follow-up questions）進行深入探討，是提出更佳問題的重要面向之一，有助於人們更深入瞭解問題或主題。知道該如何提出正確的問題，是有效溝通的基石。

提出跟進問題不僅促進了批判性思維，同時也是理解對方觀點的機會。**這可以**

透過提出誘導對方回答潛在假設或動機的問題來實現，例如：「為何你會這麼說？」或「你為什麼這麼認為？」

提出反思性問題也很有用，例如：「我應該問什麼？」、「我應該對自己的問題答案表示懷疑嗎？」、「我應該挑戰這個問題嗎？」、「是否應該提出某些問題，而不是其他問題？」花時間考慮這些引人深思的探討，人們會更容易提出高層次的開放性問題。以下是一些深入探討的額外提示：

提出開放性問題：答案不只為「是」或「否」的問題，更能引導出深思熟慮的回答，提供更多訊息。專注於所接收的答案，根據提供的訊息提出跟進問題，積極傾聽。積極聆聽表明尊重對方的意見，並鼓勵他們分享更多訊息。

當問題是開放性的時候，答案通常不會只有「是」或「否」，而需要回答者進一步思考。參考以下這個例子：

與其問：「我們是否有採取對抗氣候變遷的措施？」不如問：「我們可以採取哪些行動來應對氣候變遷？」或者「在你的想法中，減少溫室氣體排放最有效的解決方案有哪些？」這些問題會讓討論導向某些策略的優勢、劣勢和成功潛力。

此外，如果一個人想瞭解在對抗氣候變遷的過程中，有哪些優先要處理的任務，就可以問：「我們需要採取哪些措施，來提高公眾對氣候變遷問題的認識和參與？」或者「不解決氣候變遷會有哪些潛在後果？」以及「可以採取哪些步驟來適應目前氣候變遷的影響？」如此也能提供他們正在尋找的附加訊息。

這類問題的回答將提出有價值的見解，還會讓人成為積極的傾聽者。

另一個開放性問題的例子是：「目前我們對待氣候變遷的思考方式，與過去有何不同？」這個廣泛的問題，讓人們思考並討論與所提出的論點相關且有意義的概念，透過整合多個來源的訊息，積極協作解決問題。開放性問題還能激發好奇心，促進更強的學習，提供有助於小組合作和理解的討論焦點。

此外，澄清訊息也很重要。如果不確定回答背後的意義或意圖（即使是自己的回答），便建議尋求澄清，這能確保人們知道對於所提供訊息的理解是否清晰。從頭到尾都要保持好奇心，不要害怕提出看似不尋常或出乎意料的問題，這麼做可能帶來新見解和觀點。

例如，「應該採取哪些措施，來適應現今氣候變遷的影響？」回答可能是：「愈來愈多的企業，正在轉向可重複使用的永續包裝，以降低碳足跡。」澄清的跟進問題或許是：「他們採取了哪些策略？」、「是哪些公司在做這樣的事？」、「他們的願景是什麼？」、「他們希望如何實現這項願景？」

養成想像各種可能性的習慣

養成「想像替代方案」的習慣是很有益的。積極想像替代方案，迫使自己跳出思維定勢，提出創造性的解決方案或不同的問題處理方法。甚至也可以在解決問題時採用這種方法。

藉由想像不同的情景和結果，增加了在機會出現前就先看出機會的可能性。而且誰知道，也許這還可以讓我們將以前從未聯繫過的想法串聯起來。所以何不試著養成想像可能性的習慣呢？例如，在組織設計的背景下，想像替代方案將幫助我們重新思考傳統的結構和層次。提出像這樣的問題：「為什麼大多數公司都採自上而下的管理結構？」、「是否有更民主或分散式的決策方法？」透過探索替代結構，或許會發現新的方法，例如自主管理的團隊、敏捷工作流程或全權制度（holacratic system），這些方法會促進更大的創新、合作和員工參與。

提升觀察力，像科學家一樣做田野筆記

任何成功的科學研究，都免不了要以準確的觀察作為基礎。對許多人來說，這項技能可以藉由像科學家一樣做田野筆記來增進，每次練習都能增強觀察力。從注意自然現象或人的細節開始，無論形狀、顏色還是質地，都值得仔細觀察。

這種細緻入微的關注方式不僅能建立觀察技能，還能**培養對生活中看似平凡事物的好奇心**。透過練習，開始自然而然觀察細微且日常的事件，有助於揭示習而不

察的潛在意義，就連最簡單的任務都能變得無比有趣和愉快。

在野外搜集數據時，重要的是要像科學家一樣保持謹慎；確保準確記錄觀察，不要為了抄捷徑而遺漏重要細節。另外，把相關的數據都一併列入記錄，例如位置資訊、觀察日期和時間、天氣條件、設備以及參考點或地標等，也非常重要。

此外，盡量使用精確簡潔的詞語，以便任何人在在日後查閱筆記時可以更容易理解。花點時間，確保自己像科學家一樣妥善記錄田野筆記，對日後的工作將大有助益。

以下是參考的田野筆記範例：

日期：二〇二三年三月二十日

時間：上午十點～十一點半

地點：奧斯汀，德克薩斯州，譚格爾伍德森林（Tanglewood Forest）

天氣：晴朗，華氏七十度，微風

觀察記錄：

1.森林茂密，高大的樹木和濃密的灌木叢。

2.聽到鳥兒在鳴叫，偶爾有樹葉的沙沙聲。

3.看到一些松鼠和一隻兔子穿越灌木叢。

4.注意到多種野花，包括藍色翠菊（bluebonnets）、印第安畫眉（Indian paintbrush）和黑眼蘇珊（black-eyed Susan）。

5. 測量了五個不同位置的土壤濕度，範圍從十五%到三十%不等。
6. 繪製了每種野花物種的位置草圖。
7. 總體來說，森林看起來健康多樣，擁有多種植物和動物物種。

深入挖掘內在動機

好奇心和內在動機之間存在一種共生關係。追求知識和發掘新資訊的動機來自內心，而想要探索和理解尚未看見的事物的好奇心，是激發這種動機的火花。當面臨挑戰或問題時，好奇心會鼓舞人獨立行動，以滿足對理解的內在渴望。

當機會出現時，好奇心激發我們更往前深入，推動內在動機繼續沿著這條探索之路前進。最初只是一種內在的探索力量，很快就會茁壯為一段鼓舞人心的旅程，使我們既受到好奇心的野心引導，又受到自我激勵的推動。

那麼，什麼是內在動機，又要如何提升它呢？內在動機是一種來自內在的驅動力，使人們能自我激勵並在追求中獲得成功。在《牛津人類動機手冊》（*The Oxford Handbook of Human Motivation*）中，愛德華．L．迪奇（Edward L. Deci）貼切地定義了內在動機為「投入自己的興趣並發揮自身能力，在這個過程中尋求且克服最佳挑戰的固有傾向[6]」。

---

6 Ryan，2012。

內在動機是驅使人們學習新事物並成長的力量，即使不會立即獲得可見或可測量的回報。**瞭解內在動機和提升它的方法，將幫助每個人發展更強的自我決心（self-determination），成為更好的學習者，過上更豐富、更有價值的生活**[7]。

這種類型的動機與外在動機相當不同，外在動機源於環境或外部來源。內在動機在學習中則至關重要，因為它讓人們主動採取行動，努力實現目標，無需依賴外部獎勵[8]。

此外，這種動機有助於提高參與度和表現水準[9]。它鼓舞學生發展對教材的深刻理解，而不僅僅是為了考試分數或獎勵而死記硬背。最終，內在動機能培養人們獨立思考的能力[10]，也有助於學生更踴躍參與自己的學習過程。

如果要舉一個透過內在動機力量，取得驚人成就的實例，那麼非阿爾伯特．愛因斯坦莫屬了，他幾乎將全部生命投入於研究和深入理解，接著以不懈的承諾行動。透過這種做法，他成就了一些世界上最重大的科學發現，持續影響著人們現在、甚至未來的生活。

在愛因斯坦才五歲的時候，發生了奠定他日後對科學界偉大貢獻的一件事——他的父親送給他一個磁羅盤，開啟他探索周遭物理世界的靈感。

接下來他便踏上一趟無界限的美妙之旅。他孜孜矻矻地學習，奉獻大部分的生命，最終創造了歷史上最革命性的理論之一。僅僅是因為一個微小的磁羅盤，引發了他對環境永無止境的好奇心。

---

7 Cherry，2022。
8 Hawthorne，2021。
9 Kanellopoulou & Giannakoulopoulos，2020。
10 Russ，2011。

阿爾伯特．愛因斯坦不僅是出了名的叛逆青年，經常蹺物理課，還自定了他的學習方式。斯科特．楊（Scott Young）在一篇名為〈愛因斯坦如何學習物理〉（How Einstein Learned Physics）的部落格文章中，探討了九種愛因斯坦的獨特自學方式，這些方式通常都不會出現在正規教育環境中。

愛因斯坦和其他學生最主要的一個區別，就是他積極尋找具有挑戰性的學習素材，而這些素材是他在學校中無法取得的資訊。這種追求挑戰的行為，正如斯科特在他的文章中所述，是內在動機學習者的一個指標。透過自行發展探索與自學物理的方法，愛因斯坦能夠獲得傳統學校未曾教授的技能和知識，並針對問題開發出更具創意的解方，而傳統的學習方式則無法提供這種能力。

阿爾伯特．愛因斯坦對知識的渴望，為他贏得了幾乎無人能及的資產。儘管其中一部分可能是由於他的天才，但更應該要歸功於另一個比較簡單的東西——內在動機。

內在學習的驅力在他很小的時候就已展露無遺，因為在比平常人更小的年紀，他便開始閱讀當時頂尖物理專家撰寫的書籍。正是這種對學習和理解物理的渴望，使他後來得到應有的成就。

內在動機是許多著名人物背後無聲的力量，一次又一次地證明，人們如果全心投入，並且有足夠的熱情，就真的能夠實現夢想。

此外，**愛因斯坦也是專注力的體現**。他一生都熱衷於追求知識和理解，很少讓瑣碎的事情阻礙他達成終極目標。他的天才來自多年累積的觀察、蒐證和實驗，正是這種為了搞懂物理世界而做出的持久投入，使他成為二十世紀最具影響力的物理學家之一，他對科學和人類發展的卓越貢獻，至今仍深深啟發許多人。

內在動機是一股極具力量的驅動力，引導人們深入挖掘並廣泛學習特定主題。當我們受到純粹的動機驅使，就會花數小時進行研究、閱讀文章、觀看影片……這些都單純出於樂趣。

除了在完成一項工作時感到滿足外，自我激勵的學習也會對生活產生巨大影響，不需要被他人逼迫或哄騙，就能獲得自由探索新興趣的機會。掌控自己的學習旅程，在過程中得到豐富的回報，絕對是一種無與倫比的感受！

根據《動機的行為神經科學》（*Behavioral Neuroscience of Motivation*）指出，當一個學習者有強烈的內在動機時，他的參與度、創造力、堅持力和整體學習也都會提高[11]。這些特性無疑都是愛因斯坦擁有的。

提到「天才」時，人們通常會想到神童，或是那些輟學後發明改變世界技術的人。然而，這些故事大多沒有全面呈現如何養成成功的素質。內在動機可能就是這些頂尖成就的主要推手。從這個角度來看，也許到頭來只有最熱情和好奇的學習者，才能達到大部分人無法企及的偉大境界。

關鍵是善用自己與生俱來的好奇心，而不僅僅是依賴像「獎項」這種外部的激勵手段。如此一來，即便並非天才，只要出於對學習本身的喜悅而開始學習，依然可以走上不凡的道路。

那麼，要如何增加內在動機以促進學習呢？根據動機理論家福勒（Fowler）的

---

11 Simpson & Balsam，2016。

理論，增加內在動機必須經過兩個步驟階段。第一步是透過「提出正確問題」，瞭解自我和自身熱情，這將會點燃一個人的好奇心，發自內心理解自己真正重視和追求的是什麼。

因此，第一步就是學會提出更好的問題並激發好奇心。至於要怎麼增加好奇心來激發想像力和熱情，在前面的內容中已經討論過了。

一旦辨認出靈感火花，下一步就是採取行動。這意味著我們必須積極尋找新方法以追求這些興趣，當發現方法無效時便改變作法，構想出既能帶來個人滿足感，又能提供實際益處的創造性解決方案。透過這兩個步驟階段，將能增加內在動機，最終實現整體人生的滿足感。

以下重要的步驟，有助於增加人們的內在動機，成為更有動力的學習者。

從探索「元動機信念」（Metamotivational Beliefs）開始

元動機信念指的是人類對於動機運作方式的信仰和理解。村山航（Kou Murayama）在雷丁大學元動機實驗室的研究顯示，許多人對內在動機持有不正確的信念。他發現，大多數人相信為了鼓勵他人參與任務，需要提供獎勵和激勵，然而實際上，內在動機更有助於促進參與和表現。

重要的是要認知到，一個人對動機的信念會影響其行為和結果。如果持有不正確的信念，比如低估自己產生內在獎勵的能力，就不太可能參與任務並實現目標。然而，透過探索信念和發展新的心態，可以培養一種更有效的激勵方式。

儘管人們常常認為自己難以完成看似乏味的任務，但研究顯示，人類激勵自我的能力，比想像還強[12]。參與者參加了他們想像中覺得無聊的活動，最終發現他們對任務的自我感知參與度遠低於實際的動機水準[13]。

這證明了，人類有一種尚未挖掘的潛力，會創造內在獎勵，並且受到比從前認為的更高成就抱負所驅使。

在啟動一項新任務時，請考慮對即將面臨的挑戰所擁有的信念。思考一些問題，比如：「你是否覺得缺乏動機？」、「是否害怕可能的干擾？」這些反思會提供一些洞察，有助於挖掘我們的內在資源，發揮其潛力。請記住，這只是個人動機的起點。遵循能幫助人們以技巧的方式發展新信念和心態的步驟，將有助於加速學習的過程。

反思以往的經驗

反思過去的經驗，是加速學習和增加內在動機的有效方法。檢視讓我們感到滿足或快樂的時刻，會使我們發展出一種洞察力，發現哪些活動和項目與自己的興趣、價值觀相符。

為了開始這個過程，必須先花時間反思過去的經驗。想想那些特別引人入勝或令人滿足的時刻，不論最後的結果如何。回憶那些即使沒有帶來傳統意義的成功或認可、也願意再次嘗試的活動。請將以下實用的提示，運用在進行反思的過程中：

12 Cherry，2020。

13 Cordova & Lepper，1996。

你向來喜歡的活動有哪些，即使最近沒有在從事？在生活中，什麼時候你會感到最自豪或最有成就感，這種自豪感的來源是什麼？過去你曾參與哪些項目，會讓你很興奮地想要重新探討或擴展它們？你擁有哪些技能或才能，讓你特別自豪或充滿活力？

寫日記是反思過去生活經驗的其中一個好方法。將自己的想法、感受和回憶寫下來，窺見生活如何塑造我們成為今天的自己。記下這些時刻，提供了一個很好的自我反思和洞察機會。經由這種內省，瞭解所有經驗的總和，如何塑造我們的觀念和現實。

因此，我們將更深入瞭解是什麼激勵了自己，以及哪種類型的活動最能讓我們感到滿足和快樂。這層認知可以引導我們，在尋找更多內在動機和實現學習目標的過程中，做出更好的選擇和追求。

辨識內在動機驅動因素

內在動機的驅動因素源於內部，而非來自如獎賞或懲罰等外部因素。這些內在的激勵因素可能難以辨識，但通常根植於正面情感和基本需求，包括對自主性、目的和連結的需求。這種類型的動機會提高自尊心、改善表現，因為它建立在對自我的真實掌控權，以及完成有意義的任務而感到的滿足。瞭解驅動因素將為生活提供清晰的方向。

要如何辨識這些因素呢？首先，回顧一下，有沒有不管過了多久時間，還是一直吸引你的事物、愛好或工作。分析這些活動中令你興奮的部分是什麼、你是否與團隊合作、是否需要創意解決問題、是否有服務的元素？

當人們關注在一個能激發好奇心的活動時，將有最佳的工作成果，並從中找到最大的喜悅。因此，花些時間找出有什麼事物特別激勵你，將它作為成就和滿足的基礎。例如，約翰的動機來自三個關鍵價值觀：責任感、努力工作和韌性。責任感要求他承擔起自己的工作和責任，他總是以具組織性且及時的方式，努力完成最高品質的任務。

此外，他也意識到努力工作對成功是必要的，促使他不斷超越對自己設下的任何期望。最後，韌性確保他即使出現問題，也願意接受建設性的批評，從錯誤中學習，以更堅強的觀點和理解繼續前進。這些價值觀不斷推動他在職業和私人生活中前進。

辨識出自己的驅動因素，將它作為未來目標和項目的基礎。尋找與這些驅動因素相符的活動和項目，因為它們是為自己帶來最多滿足和快樂的活動。專注於這些驅動因素，培養更強烈的內在動機，就能更輕鬆和滿足地實現自己的目標。

反向工程驅動因素（Reverse Engineer Driving Forces）和意義

簡單來說，反向工程驅動因素是理解推動某人做某事的根本原因或動機。透過辨識這些驅動因素，人們可以洞察自己追求特定目標或參與特定活動的動機。

內在動機並不會永遠持久，如果想持續朝目標前進，就需要為所做的事情賦予意義。主動採取不同的方法，增加目前所處安逸情境的價值，避免自己變得過於自滿。

例如，如果你正在做一份沒什麼激發性的工作，請尋求方法來支持和幫助你的團隊。這種策略是將目光轉向外部，尋求外部影響，實施合作培訓以及採納支持的想法，帶來追求的動力，以保持動力和激情。

瞭解驅動力，對正在進行的計畫或生活中的挑戰有所助益。藉由添加驅動力，提高生活各個領域中的內在動機。這意味著不僅僅要專注於新的項目，並以驅動力為基礎來建立它，也要為現有的生活領域注入意義，以提高動機。

內在動機並非靜止不變的，它會隨著時間變化。例如，某個人多年來一直難以保持健康飲食，但在經歷了健康威脅後，突然受到激勵而做出改變。因此，評估生活中希望擁有更多內在動機的領域，並注入意義來掌握控制它。

正如萊恩（Ryan）和黛西（Deci）在自我發展理論中指出的，內化的外在動機會導致更大的自我動機。這代表藉由吸收外部來源的價值觀、信仰或行為規範，將其轉化為自己的價值觀，可以增加內在動機和實現目標的動力。

人們必須思考在生活中如何內化外部因素。例如，在整理房間或洗衣、洗碗時，花些時間體會完成任務帶來的成就感。不要將它視為無盡的瑣碎工作循環，而是需要花時間培養耐心，專注於最終目標——整齊摺疊好的衣物、鋪好的床、閃亮的廚房。

這種心態上的小改變，會使乏味的任務變得比較可以忍受，並在完成任務時帶來一種目標達成的成就感。

此外，在處理雜務時聆聽激勵人心的音樂，將使工作更加愉快。保持積極的態度並花時間感受小確幸，即使從事看似無關緊要的任務，也能帶來喜悅和目的感。這麼做會增加對工作的目的感和動力，即使該工作本身不是自己的理想選擇。

內化外在因素的另一種方法，是確定所屬組織（無論是工作場所還是社群團體）的價值觀和目標。將個人與組織的價值觀和目標結合，會使人們在自己的貢獻中找到更大的動機，擁有歸屬感。

瞭解自己的動力和「為什麼這麼做」，提供我們一個重新審視生活現有事物和目標的機會。這不僅僅是帶著新目標重新出發，也能為生活中需要動力的部分添加新的意義。

例如，如果有人在健康飲食方面陷入困境，可以考慮是否有更重要的因素，能給予他們所需的動機；不管是因為健康威脅而改變生活方式，還是簡單地給自己一個新的視角，去瞭解健康飲食的重要性。藉由深入思考自身行為和行動的更深層含義，通常會找到保持動力向前邁進的方法。

整體而言，內化外部因素包含在外部來源中尋找意義和目的，再將它們轉化為個人的內在動力。如此一來，便可以增強內在的動機，以及在生活各個領域中的滿足感。

專注的唯一法則

專注是成功的關鍵，所以專注的法則對內在動機來說尤為重要。當專注在對自己來說重要的任務時，內在動機行為的力量就會發揮作用，使我們更投入於正在做的事情，進而用較少的努力便能達成目標。愛因斯坦對於專注的努力，確實提供人們成為更佳學習者的啟示。

正如愛因斯坦專注於發展廣義相對論一樣，我們可以把自己的學習目標放在第一位，並努力達成它。愛因斯坦以其對物理學領域的巨大貢獻聞名於世，其中最著名的莫過於廣義相對論的應用。

這些成就並非一蹴可幾，愛因斯坦必須奉獻數不清的時間，進行深入研究和測試。他的辛勤工作證明了要實現任何偉大的任務時，都需要毫不動搖地投入。**將焦點縮小至幾個關鍵目標，以堅定的決心努力朝這些目標前進，就能成功達到超出自己原本能力範圍的里程碑**。

愛因斯坦在一九一二年至一九一五年間，有如此卓越的知識產出，乃至於歷史學家稱這段時間為他的「奇蹟之年」。愛因斯坦從瑞士的專利局休假，在德國和布拉格擔任教授，最終定居在蘇黎世的蘇黎世聯邦理工學院。

在這段充分專注的高效期間，他利用數學家馬塞爾・格羅斯曼（Marcel Grossman）對非歐幾里得數學的新見解，解決像是「狹義相對論」和「光的量子化」這類長期存在的科學問題。他的終極目標是使用這些技術概括他所發展的重力理論，甚至引出可能推翻艾薩克・牛頓（Isaac Newton）自然法則的新理論。這些隨之而來的突破，被視為愛因斯坦對科學做出的偉大貢獻。

在一九一二年至一九一五年間，阿爾伯特‧愛因斯坦全神貫注於發展廣義相對論。對於這項計畫的焦慮讓他付出代價，影響了他的婚姻，巨大壓力也讓他白了頭髮。然而即便遇到這麼多的困難，他仍堅持不懈，最終於一九一五年正式發表了該理論的框架，標誌著科學史上無與倫比的成就。

如今，他的貢獻仍被視為步入現代科學的巨大飛躍之一，也是人類其中一項最偉大的成就。人們有時很容易陷入例行公事，好像沒有多餘時間或精力嘗試學習新事物。即使生活充滿了忙碌和瑣事，但事實是，我們還是可以騰出時間，前提是我們真的重視這件事。

下定決心學習新事物並非總是那麼容易，但這麼做絕對值得，無論想嘗試彈奏樂器，或是精通一門新語言，一定還是有辦法將行程納入繁忙的日程中。

愛因斯坦的原則提醒我們，人只能在同時間身負少數幾個項目，而且要全心投入。畢竟成大事沒那麼容易，需要奉獻、投入和努力，才能在生活中獲得真正有價值的事物。無論想要創辦最火熱的新創公司，還是要在學校組織社團，都需要長時間的專注和堅定的決心。

儘管專注和奉獻對取得重大成就至關重要，但我們必須認知到，並不是所有人都可以或應該像愛因斯坦一樣。每個人在生活中都有不同的目標、熱情和優先事項，有些人喜歡同時處理多項事物和興趣，其他人則更喜歡專注於一、兩件事情。

此外，重要的是要理解，不是只有在職涯中獲得重大成就才算成功。個人成長、充實的人際關係以及追求嗜好和興趣，都是富足人生的重要元素。只要有意識且策略性地分配自己的時間和精力，就有機會在生活中多個領域達到平衡和成功。

也就是說，我們也得意識到，現代生活會讓人感到窒息和混亂，有無數的需求占據我們的時間和注意力。每個人都需要優先考慮真正重要的事情，有紀律地管理時間和投入方式。

對於那些不符合個人目標和價值觀的事情，應該毫不遲疑地拒絕，把不是核心職責的任務委派或外包出去。這樣一來，才能為真正重要的事項，創造更多的空間和專注。

愛因斯坦原則永遠無法滿足大多數人，因為它太危險了。如果把所有的錢都投入某事物中，到頭來卻失敗收場，最後就會一無所有。更重要的是，這麼做人生或許會變得單調乏味，畢竟現代生活總是需要一些曲折挑戰。

然而，有一個簡單的策略，讓人們可以在不放棄尋找下一個未知機會的同時，盡可能接近滿足愛因斯坦的原則。

《優秀到無法被忽視》（*So Good They Can't Ignore You*）一書的作者卡爾・紐波特（Cal Newport）提出了一種方法，使我們能更靈活地在現代生活中，遵循愛因斯坦的專注法則。以下是該策略：

- **第一步：此步驟需要有三個欄位：職業、個人（家庭、朋友等）和額外活動（副業、個人目標等），並列出每個欄位中正在進行的一切事項。**

該步驟的目的，是為了清晰瞭解自己該如何分配時間，發現必須調整以提高生產力和專注力的領域。將活動分為這三個類別，可以看到自己在生活的不同領域如何分配時間，並識別潛在的不平衡或需要改進的領域。要做到這一步，請按照以下順序操作：

拿一張紙或打開一個試算表，建立三個列，標題分別為「職業」、「個人」和「額外活動」。

在每個欄位下，列出該類別中所有的活動或責任。例如，在「職業」欄下，列出參加會議、進行專案工作、回覆郵件等事項。在「個人」欄下，列出與家人和朋友相聚、跑腿買東西或追求嗜好等事項。在「額外活動」欄下，列出從事副業、志願工作、運動或閱讀等事項。

請確保在每個類別中列出所有想得到的事情，即使它們看起來小到不起眼或不重要。目標是獲得所有日常活動的全面清單，以便識別需要調整的領域。當一切都列出來後，退後一步看看整體情況，思考以下問題：在時間分配上，是否有任何模式或不平衡的情況？是否有任何領域花費了太多或太少的時間？

例如，是否花了很多時間在家人身上，卻幾乎沒有時間和朋友相處？利用這些訊息，識別可以調整以提高生產力和專注力的領域。

- **第二步：從每個列表中選擇一個或兩個最重要的項目（最好還能提供最大的回報），在它們旁邊加上星號。**

這些被標記的活動是對個人成功至關重要的活動或責任，應該優先考慮它們。為了識別這些項目，紐波特建議在它們旁邊加上一個星號。

例如，假設在「職業」欄位下，有人列出了參加會議、進行專案工作和回應郵件等事項，他可能會認為參加會議和進行專案工作，是提供最大回報的最重要活動，因此在這兩項旁邊加上星號。

• **第三步：識別出今天不做也不會導致實際後果的項目，然後畫掉。把這個步驟當成一種修剪。**

這一步是分辨出那些可以停止做，且不會遭受實際後果的項目，然後將它們畫掉，類似於修剪植物，去除不必要或無產值的活動，集中精力在最重要的事情上。

為了實施第三步，必須遍歷每個清單，發現非必要的活動或責任，或是可以委託給他人的內容。例如，在「個人」欄位下，可能列出了看電視、玩電動遊戲或瀏覽社交媒體等事項，如果發現這些活動佔用大量的時間，也沒有帶來實際好處，就可以將其畫掉。

要注意，這一步驟並不是要消除所有休閒或空閒活動，而是要識別那些不為生活增添實際價值的活動，刪除它們以釋放更多時間和精力，用於重要的事情上。對某些人來說，玩電動遊戲是一個喜愛的消遣，不需要刪除在生活中對自己具有重要意義的事情。

- **第四步：檢查未標記的項目，制定一個為期一到三週的策略完成（或擺脫）它們。這或許意味有一段時間不能專注於標記星星的專案，但沒關係，把這個過程視為除草就好。**在這個步驟，請觀察那些未被標記星號的任務。評估並制定一個計畫來完成它們，這也代表需要先暫停星號任務，以實現這一目標。最重要的是保持專注並提高效率，定期為次要項目分配一些短暫的時間，將有助保持進度。

整個過程就像「除草」一樣，不時處理掉一些煩人的任務，便會獲得提高生產力的獎勵。

要實施第四步，請遵循以下指南：

瀏覽每個欄位，識別未被標記的項目，最終還是必須處理它們。它們可能是一直拖延的任務，或是還沒時間去處理的責任。

根據重要性和緊急性，將這些項目排序優先順序。例如，如果在「職業」欄位下，有一個即將到來的專案截止日期，通常會將其優先考慮，而不是考慮在「個人」欄位下，可以稍後處理的某些事情。

制定一個為期一到三週的計畫完成這些項目，或擺脫它們。在一天中安排特定的處理時間，或將它們委託給他人。例如，如果是在「額外活動」欄位下，有一個整理壁櫥的任務，請專門留出一個下午處理這個任務。

在這段時間內，專注於完成或擺脫未被標記的項目。暫時將標記星星的項目擱置也沒關係。目標是除去不重要或不急的任務，釋放更多時間和精力，應對真正重要的事情。

此步驟是紐波特解決方案的關鍵部分，有助於有效管理時間和提高生產力。藉由優先考慮和處理未標記的項目，減輕我們的壓力，以釋放更多時間和精力，專注在最重要的事情上。

- **第五步：專注於每個類別中留下的一、兩個重要事項，並在一段時間內，果斷拒絕新增任何新項目，只執行現有的清單。**

有效地組織最優先的項目後，第五個步驟將有助於推動我們前進。嚴格專注於每個類別中最重要的一、兩個項目，以非常謹慎的態度，不再加入任何新項目。

重要的是堅守自己的任務清單——在考慮其他事情之前，先處理必須完成的任務。這種方法提供了有效的方式，讓我們重新掌控自己的工作負擔，還能保留額外的能量，專注於最重要的事情。

要實施第五步，請遵循以下指南：

識別每個類別中仍然存在的一或兩個重要事項，其中一個已經被標記為星號。創建一個計畫或時間表，定期處理這些重要事項。在一天或一週中的特定時間處理它們，或將它們拆分為較小的任務，每天處理一些。例如，如果有一個即將來臨的考試或論文需要完成，便專門花幾個小時嚴格執行練習測試。

果斷地在一段時間內都不新增任何新項目。必須堅決對新的責任，或會使人分心、不再關心優先事項的活動說「不」（例如跟朋友出去、參加婚禮等）。當然，有時會有緊急或意想不到的情況出現，目標是最大程度地減少分心。

專注按照清單行動，避免多重任務，全神貫注處理每個任務或責任。過程中需要保持耐心和堅持不懈，因為過程可能進展穩定但緩慢。

此步驟也是紐波特解決方案的關鍵部分，有助於我們保持專注，優先考慮重要的任務或責任。嚴格遵守不將新項目添加到清單中的規則，持續按照清單執行任務，幫助我們實現學習目標，提高生產力。

本章重點

- 好奇心是學習和探索的渴望，推動人們去冒險、提出問題、尋求新經驗。好奇心也是驅動愛因斯坦卓越開創的力量，激勵他勇敢探索未知領域，觸及遙不可及的事物。
- 從基本事物開始，建立堅實的基礎，提高好奇心，以提出更好的問題。探索所學之物為何對自己和他人都同樣重要。深入探討不可能的事情，突破界限、挑戰假設。認識並面對個人偏見，提出跟進問題來深入挖掘。養成像科學家一樣的記錄習慣，有助於提高觀察力和識別相關細節。

- 愛德華・L・迪奇將內在動機定義為內在驅動力，它來自內心，使我們能自我激勵並在追求目標時取得成功。這種動機的特點是人們會傾向於參與自己的興趣，並在尋找和掌握最佳挑戰的過程中，發揮本身的能力。
- 重要的是，認知到對動機所擁有的信念，會影響我們的行為和結果。反思過去的經驗，是加速學習和增強內在動機的有效方式。
- 識別驅動力，深入瞭解自己為什麼會有追求特定目標或參與特定活動的動機，從而在必要時進行反向工程。
- 焦點法則主張透過專注於少數幾個主要目標，努力達標，成功實現原本難以企及的里程碑。

第2章

建立自主思維——悖論和門徒

BUILDING AN AUTONOMOUS MIND: PARADOXES AND PROTÉGÉS

在追求學習和成長的過程中，經常會遇到看似不可逾越的障礙。該如何克服這些挑戰，成為更有效的學習者呢？

本章將探討三個概念，幫助我們實現這個目標：悖論思維（paradox mindset）、愛因斯坦分心指數（Einstein distraction index），以及門徒效應（protégé effect）。

悖論思維是指同時將兩個看似矛盾的觀點，涵蓋在自己的思維中，並找到一個能調和它們的解決方案。這需要一種具創造力和創新性的問題解決方法，而這種方法可以透過門徒效應來增強。

透過教學相長，會深化我們對主題的理解，進而開發新的想法和解決方案。悖論思維是培養自主思維的關鍵。與其追求完美，不如接受生活就是充滿矛盾和複雜，充斥著看似不相容的元素。鼓勵自己擁有創造性的思考，提出不一定符合傳統哲學觀念的解決方案，是非常重要的。

然而，注意力的分散將會妨礙悖論思維和門徒效應。愛因斯坦分心指數可以幫助識別那些讓我們分心的事物，制定策略以減少它們對學習和工作效率的影響。這反而也將增強我們在思維中保持矛盾觀點的能力，有效地教授他人，最終使我們成為更有效的問題解決者。

培養悖論思維、發揮門徒效應，並透過愛因斯坦分心指數減少分心，將幫助人們成為更有效的學習者和問題解決者，應對複雜挑戰，發揮全部的潛力。

如何運用悖論思維？

悖論思維是一種思考方式，以悖論和矛盾作為產生新見解和新思想的手段，用自在的心態面對模糊、不確定性和相互衝突的觀點，並以「既是A，也是B」取代「不是A，就是B」的思考方式來看待世界。

擁有悖論思維的人，不會將矛盾視為理解的障礙或藩籬，而是將其視為探索和學習的機會。他們知道現實往往是複雜多面的，看似相互矛盾的觀點可以共存，甚至互補。

具備悖論思維的人，也能同時擁有多個觀點和想法，並利用這種方式挑戰假設、質疑已建立的規範、產生新的思想。他們能夠看到不同觀點的價值，將其用於促進協作和創造力[1]。

一九九六年，哈佛大學精神科醫生艾伯特．羅登伯格（Albert Rothenberg）在《創意研究期刊》（*Creative Research Journal*）發表的研究發現，諾貝爾獎得主和其他創新科學家，經常花費大量時間，同時想像多種對立或相反的觀點。這顯示了擁抱矛盾的觀點有多麼重要，這種方法比只注意一個觀點要有效得多。

以愛因斯坦為例，他能同時想像一個物體處於靜止和移動狀態，正是悖論思維的實例，最終使他推導出相對論。像愛因斯坦這樣，能在心中同時擁有相對立觀念的人，更能發現創新、非傳統的解決方案。他可以擺脫傳統思維，考慮更廣泛的可

1 Liu et al.，2019。

能性。

悖論思維的其中一個實例，是「有益的不適感」這一概念——通常被視為負面經驗的不適感，實際上可以是有益的，促使人們成長和學習。表面上這個想法似乎很矛盾，不適感怎麼可能是有益的呢？然而，接納這個悖論，挑戰自己內心的假設，便會將自己推向舒適圈外，帶來新的體驗、觀點和洞察。

舉例來說，在學習情境中，願意體驗有益的不適感的學生，會主動尋找具有挑戰性的任務或困難概念，即使這意味他們將暫時感到挫折或困惑。接納這種不適感並堅持下去，最終將有更深刻的理解，發展出重要的問題解決技能。

同樣地，在工作情境中，願意體驗有益的不適感的員工，會強迫自己承擔新的職務或責任，這些職責超出他們平常的舒適圈，使他們發展出新技能、擴展視野，成為組織中更有價值的資產。

在日常生活中保持悖論思維，有助於在複雜的決策系統中確定方向。最近在全球暖化議題上就有這樣的例子——全球各地的政府既致力減少碳足跡，同時也繼續使用現有的化石燃料，為公民提供新的經濟機會。

如何調和這兩種觀點是悖論思維的挑戰，而透過例如碳交易等創新政策，得以克服這一挑戰。在碳交易中，國家透過財政獎勵來鼓勵減少排放。同時，企業和組織出售節能的產品和服務，利用人們對創新能源生產方式的需求增加，從而以雙贏的方案解決困境。

二〇一七年，米倫－斯佩克特（Miron-Spektor）及其同事發表的一項研究，調查了悖論思維如何為職場帶來好處。他們發現，在應對意外資源和複雜情況時，採用這種思維方式，對員工的韌性和學習能力有顯著影響。與那些被挑戰擊敗的員工不同，採納悖論思維的員工找到了新的解決方案，使他們超越初始表現水準。

這進一步強調了在新環境中認知靈活性的重要，同時也凸顯在困難時期，運用創造力和實驗精神的潛在影響。

嚴重特殊傳染性肺炎（COVID-19）的大流行，以及隨之而來的封鎖，迫使許多人和組織採取悖論思維。工作與生活間的傳統界限變得模糊，需要同時平衡多個優先事項和責任。

例如，在家工作的父母需要同時照顧孩子、處理家務，並在截止日期前完成工作。同樣地，醫療工作者需要在資源和時間有限的情況下，提供高質量的護理服務。

只要運用悖論思維並接受「兩者兼顧」的觀念，不論個人或組織都可以找到創造性的方法來應對挑戰。包含尋找協作的新方式、利用技術簡化流程，或重新思考傳統的勞逸平衡方法。

那麼，如何在不採取極端措施的情況下，達到這種認知靈活性呢？要運用健康的悖論思維模式，有幾種方式，其中一個有用的框架包括三個簡單步驟：

重新定義問題

重新定義問題是一個強大的技巧，幫助我們應對緊張情況，找到複雜問題的創新解決方案。面臨困難的抉擇時，人們通常會覺得被困在兩個對立的選項之間，不確定應該朝哪個方向前進。然而，藉由重新定義問題，便能改變自己的視角，找到處理情況的新方法。

當生活面臨挑戰時，將焦點從忍受轉移到增強和豐富這些挑戰，是比較有幫助的做法。**與其思考是否要堅持現有計畫，或轉向新的方向，不如重新定義問題：**「我要如何才能同時繼續和轉變？」這將打開我們的思維，發現被忽略的創意解決方案和潛在資源。

考慮目前的工作基礎如何成為變革的合適起點，已經學會的技能如何幫助我們適應變革，熟悉的人和技術如何引導我們，以及擁抱新事物如何激勵我們繼續處理需要完成的事情。

我們往往會陷入例行公事和習慣之中，不考慮嘗試不一樣的事物，或是以新的方式看待計畫。但如果換個問法，以「我如何能夠做到這個，然後……」而不是「我應該做這個，還是……」來提問，將打開一個充滿可能性的世界。

突然間，兩個看似不相容的想法可以並存且互相幫助。改變問題的方式，必然會找到最適合兩種情況的新解決方案。

以下是一些重新定義問題的範例，以實現從「不是……就是」到「既是……又是……」的認知轉變方式：

- 不要問：「我應該追求我的事業，還是照顧我的家庭？」而是問：「怎麼樣才能以適合我和我所愛之人的方式，平衡事業和家庭責任？」
- 不要問：「我應該專注於我的短期目標，還是長期目標？」應該問：「如何能夠以符合我長期願景的方式，優先考慮我的短期目標？」

- 不要問：「我應該堅守目前的工作，還是嘗試新事物？」而應該問：「如何能夠基於我目前的技能和經驗，探索新的機會？」
- 不要問：「我應該聽從頭腦還是內心？」而是要問：「如何能夠同時聆聽我的理性和情感，做出全面的決策？」
- 不要問：「我應該存錢，還是享受生活？」應該問：「如何規畫我的財務，讓我既能存錢，又能騰出空間從事一些樂趣和放鬆？」

接受緊張並培養對不適的舒適感

理解每個情況或問題，都會伴隨著某種摩擦或緊張，接受並意識到這點，有助於培養對不適的舒適感。這個過程聽起來很困難，但在這種情況下，創造出一種掌握感是有益的。接受矛盾的思維，可以理解和洞察局勢，使人們真正瞭解周圍面臨的挑戰。

舉例來說，對育有青少年的父母而言，可能會對孩子的衝動和情緒起伏感到不適。然而，如果能知道這些行為，是青少年尋找自我過程中的常見現象，這層認知就會帶來一種理解，即這實際上對他們的整體健康或許更有益。擁抱生活中不愉快的部分，將給予我們更多內在力量，使我們更有效地面對挑戰。

接受緊張並培養對不適的舒適感，是悖論思維的重要步驟。以下將列舉更多的例子：

在工作時我們會發現，自己在滿足緊迫的期限和提供高品質的成果之間左右為難。不要認為這兩個目標相互排斥，而是接受它們都同樣重要且必要。理解需要平衡這兩者的不適感，並努力開發有效管理時間和資源的策略。

在私人關係中，人們會對特定問題有相互衝突的情緒。例如，因為伴侶的某些行為感到生氣和受傷，但同時仍然愛著對方並關心對方。不要試圖壓抑或解決這些相互衝突的情感，而是接受它們都是有效且重要的。學會忍受生氣和受傷的不適感，同時仍然擁有對伴侶的愛和關心。

在政治或社會背景下，則會擁有相互衝突的價值觀或信仰。例如，相信個人自由，但也認知集體責任的重要性。與其將這些價值視為不可調和的，不如將它們都看作是有效且必要的。學會應對同時擁有相互衝突價值觀的不適感，利用它們來決策和行動。

學習對矛盾感到自在是一項困難的挑戰。人們在面對不一致時的第一反應，往往是關閉自己或變得無所作為。但如果花時間忍受自己的不適感，就會慢慢開始接受，甚至學會擁抱這種不適。這並不一定代表不再受矛盾所困，而是認識到它的存在，並允許自己在不被其負面影響淹沒的情況下與之共存。

這樣一來，我們將更加擅長處理那些不完美的情況，在人際關係中擁有更多的靈活性和自由，使自己變成更有韌性的學習者。

抽離自己並尋找新的可能性

與他人聯繫、尋求他人的意見，是重新詮釋問題並尋找新可能性的寶貴方式。

當覺得被卡在某種情況裡時，他人的意見將提供新的視角，幫助我們看到不曾考慮過的新機會。與他人合作，也可以讓我們在困難中感到不那麼孤獨，提供一種群體的感覺。

例如，一位團隊領導者正在努力平衡團隊的需求與高層管理者的期望，這時與同行領導者建立聯繫，將有助於瞭解如何應對類似的壓力。他人的意見會幫助我們看到更廣闊的視野，識別出管理競爭性需求的新可能性。

除了尋求他人意見之外，讓自己與問題保持一定的距離也很有幫助。退一步從不同角度觀察情況，對問題產生新的理解，找到新的解決可能性。這可以透過冥想、寫日記或與信任的朋友、同事交談等來實現。

以下是一些讓自己與問題保持一定距離的簡單策略，以便尋找新的可能性：

- **休息一下：**暫時遠離問題，清空思緒，稍後再以新的角度回來處理。散步、遠足、騎自行車、閱讀一本書，或觀看一部電影，都有助於人們以不同的角度看待事物，並提出新的想法。
- **改變環境：**有時改變景觀可以幫助轉變思維。如果陷入固定思維中，試著移動到不同的地方，或者走到戶外散步，澄清自己的思緒。
- **尋求他人的意見：**與具有不同觀點和經驗的人合作，一起集思廣益，討論不同想法，產生新的可能性和解決方案。例如，當一家公司計畫推出新產品時，與其市場行銷、設計和工程團隊合作，以獲得不同觀點的意見，這將產生以前可能未曾想過的新想法和解決方案。
- **尋找模式：**嘗試識別看似無關的事物之間的模式或聯繫。有助人們以新的方式看待問題，找到創意解決方案。例如，一位城市規畫師被指派解決交通擁擠的問題，藉由查看交通流量數據中的模式，發現某些時段交通特別擁擠，或者某些路線經常被使用。接著再利用這些資訊找到減輕交通壅塞的新方法。

- **質疑假設**：先退後一步，質疑構成問題的假設。它們是否仍然有效？是否以不同的方式看待問題，就會產生新的解決方案？例如，一家非營利組織希望增加捐款，他們首先認為需要舉辦更多的籌款活動，或者尋求更多的捐助者。然而，質疑這種假設後，會發現將注意力轉向與現有捐助者建立更緊密的關係，增加他們對組織的參與度，隨著時間的推移，將帶來更多的捐款。

- **使用類比：**類比讓人們以新的方式思考問題。嘗試將問題與其他事物進行比較，或找出與其他事物的相似之處，有助於人們產生新的想法和解決方案。用比較的方式看待問題，會得出以前未曾有過的見解。例如把蓋一棟房子，比喻為拼拼圖的過程。蓋房子需要建立堅固的基礎與創建牢固的零件，並確保它們之間完美配合，和拼拼圖是相同的挑戰——不僅都需要共同運作，還需要獨立發揮作用。採用這種類比方法可以深化對問題的理解，並指出可能需要額外思考和努力的領域，以取得成功。

最終，管理緊張情緒的關鍵在於擁抱悖論思維，接受這種焦慮，慢慢發展出與不適感共處的能力，將問題重新構建、強化和豐富，並在必要時尋求他人的意見和支持。

每個人都曾經有過無法下決定的時刻，尤其是為他人做決定時。但不用擔心，研究表明，在這時做的決定，通常會激發出一個人的創造力[2]！事實證明，當人們以悖論思維處理緊張局勢，而不是陷入只固守於某個特定需求，忽視其他需求的狀況，就同時打開了實現兩種需求的機會。

這種創造性思維有助找到整合性的解決方案，而不僅是滿足其中一方。所以如果在為他人做決定時覺得困惑，嘗試以悖論思維的方式解決，感受創造力會如何帶你翱翔吧！

眼前的危機已經使許多人深刻意識到，世界上沒有通用的解決問題方案。每個人都在吸取一個艱困的教訓，那就是並非每個問題都有單一解決方法，想要用簡單的方式迅速解決每個問題，並不會總是奏效。這就是悖論思維的重要之處。

這種新的思維方式使我們能平衡多種結果、緊張和可能性，而不僅僅固守於單一選擇；它考慮了複雜的元素，同時又能保持靈活性。在面對看似矛盾的力量和競爭性的利益時，這種靈活的方法鼓勵合作、同理心和理解——若想以健康的方式克服危機，這三種特質便缺一不可。

---

2 Liu & Zhang，2022。

使用愛因斯坦分心指數

在現今這個複雜且瞬息萬變的世界，悖論思維是創新解決辦法不可或缺的要素。然而，為了發揮悖論思維的力量，首先要具備專注的能力。專注能讓一個人深入研究特定領域或主題。瞭解如何將注意力集中在特定主題和想法上，使我們能更廣泛地思考，從而產生更多新穎的解決方案。

據說即使在青少年時期，阿爾伯特．愛因斯坦也能高度專注地進行所有任務。因此，人們認為他開發了一種被稱為「分心指數」的專注程度衡量方法。

這種深度專注的方法，顯示他能夠完全專注於所設定的目標，時間長達四十二分鐘。這麼年輕就完成這種驚人的成就，足以證明愛因斯坦是個天才，難怪他的科學理論激發了全球思想家的創新。

值得注意的是，儘管「愛因斯坦分心指數」的概念可能很有吸引力，但愛因斯坦能夠連續四十二分鐘心無旁騖集中注意力的說法，很可能是誇大或傳說。此外，每個人的專注能力會根據他們所處的環境、心態和手頭的任務而有所不同。

也就是說，故意讓自己暴露在容易被干擾的環境中練習專注和集中注意力，是一種有用的技巧。**逐漸增加專注於任務而不受干擾的時間，可以訓練大腦保持更長時間的專注並避免分心**[3]。

就像任何技能一樣，專注和保持注意力的能力也需要經過練習和訓練。例如，

3 Patel，2018。

從設定一個目標開始，嘗試在短短五分鐘的時間內保持對任務的專注，不受任何干擾。一旦習慣後，就能逐漸增加到十分鐘、十五分鐘等。隨著時間的推移，逐步提高保持專注的時間，達到一個小時甚至更長時間的程度。

如何將愛因斯坦分心指數加入學習行程中？

學習專注的最佳方法之一是取得一本雜誌，最好是設計上充滿明亮圖像和有趣文字的雜誌。雜誌通常包含各種文章、圖像和廣告，這些都可能會分散注意力，因此雜誌適合作為練習專注和注意力的工具。

這個練習的目標是故意讓自己暴露於這些干擾中，並在指定的時間內練習專注於手邊的任務，例如閱讀文章或完成填字遊戲。

最好先把目標設定在專注五分鐘，隨著次數的增加，再逐漸加長保持專注的時間。重要的是要有耐心，如果發現自己開始分心，也不要感到氣餒。

以下是這個練習的詳細步驟：

- 首先，在一張空白的紙上寫下「我不會再被這些事情分心」，作為保持專注、避免分心的提醒。以比較顯眼的粗體字或醒目的顏色書寫這段話。
- 設定一個五分鐘的計時器，然後開始閱讀雜誌。以一個具體的時間進行練習。目標是在整個五分鐘的時間內專注於內容。
- 每當你發現自己分心時，在紙上記下這個時刻，並且默默閱讀寫下的這句話，提醒自己重新專注，完成最終目標。讀完記錄下的句子後，重新回到閱讀雜誌的任務上。

例如，如果某個人被手機的通知影響而分心，或是養的貓突然闖進房間討食物，在紙上記下這個情況（我的貓讓我分心），並且默讀這句話，接著再重新專注於閱讀雜誌。

- 繼續閱讀雜誌。
- 當計時器響起時，計算在五分鐘內的分心次數。這有助於追蹤進度，發現需要更多練習或修正的領域。

反思在練習期間的表現是非常重要的。計算五分鐘內的分心次數，便能追蹤進度並為未來的練習設定新目標（在開始練習前先餵貓，或許會是個不錯的起點）。

例如，如果在五分鐘內有十次分心，就建議設定新的目標，減少分心次數。或者，如果五分鐘似乎太容易了，請增加時間限制，進一步挑戰自己。

專注五到十分鐘不受分心干擾的簡單練習，是提高個人生產力與專注力的絕佳方法。從五分鐘開始，進步到七分鐘，再進步到十分鐘，準確知道自己在沒有分心的情況下，可以保持多長的專注時間。

請記住，這個練習的目標並不是完全消除所有分心，而是使我們變得更善於識別分心，在不專心時重新恢復專注。藉由練習，增強保持專注和集中注意力的能力，延長專注的時間。

什麼是「門徒效應」？

門徒效應是指利用本身的知識、經驗和解決問題的技能，假裝自己是導師或老師，將知識傳授給別人。當人們在談論、教授或討論某事時，能夠深入剖析和理解該主題。

藉由這個方式，對於自身關注的領域，會有更深入的瞭解，進而開發新的見解和解決方案。因此，門徒效應能成功地幫助人們培養悖論思維，考慮所有的觀點。

當阿爾伯特·愛因斯坦說：「如果你不能白話地把一件事解釋清楚，就表示你對它的理解不夠深刻。」他肯定是有感而發。要將知識授予他人，必須先花時間好好學習這些資訊，還必須掌握更深的層次。根據教育心理學，學習的過程會涉及許多步驟，導致人們對行為和對周遭世界的理解產生永久性的變化[4]。

要幫助學習者達成目標，「教學」發揮著重要作用，它既是一門藝術，也是一門科學。它提供了如何才能使人們發揮最有效學習的見解，以及該怎麼以最好的方法傳遞知識，以實現期望的結果。證據表明，花更多時間教導同儕的學生，其理解水平遠遠超出那些純粹只有複習的學生。

門徒效應是一種心理現象，即教學、假裝教學，甚至是為教學做準備。這個過程有助於人們在知識上的理解，參與這項活動的人將更能掌握手邊的主題。

舉例來說，正在為即將到來的生物期中考學習的高中生，若花時間向同儕、甚

4 Seifert，2019。

至年幼的兄弟姐妹解釋關鍵概念，便能讓自己更有效地學習。從這個角度來看，門徒效應為備考提供了出色的路線圖，在壓力下提高學術表現。

因此，很顯然地，在必要時擔任教師的角色，會給我們帶來多項優勢，應納入個人追求教育目標的考量中。

當人們希望教導別人時，會以一種根深蒂固的方式內化這些資訊，用教學的方式來推動學習。這麼做有幾個好處，例如增加元認知能力（規畫和評估自己的理解和表現）[5]。換句話說，思考學習的過程，會讓知識以更有效的方式被保留，所以往往能學得更深入。

當我們教導其他人時，會主動參與更多學習過程，加深對內容的理解。這也是為什麼老師擁有一項寶貴技能——把複雜的主題和概念，分解為易於理解的碎片。

透過花時間真正理解主題，老師將可以提供容易學習和記憶的訊息。不僅如此，我們通常也會更努力地學習那些打算要教導其他人的內容。

教導他人同時還能促進採用更多的有效學習策略[6]。因為當我們進行教學時，需要以能讓他人理解的方式組織訊息，這將幫助我們識別最重要的概念，開發更有效率的學習和記憶方法。

此外，教學還能提升學習的整體動機。人們在某一主題上擔任教師角色時，往往會對學習動機產生積極的影響。如果打算將內容傳授給其他人，而不僅僅是為了自己，人們便會更傾向學習某件事。這要歸因於成功傳授新知和技能後，所帶來的

5 Fox & Riconscente，2008。
6 Borup et al.，2022。

成就感。

這種教學和學習的動態關係，能為參與其中的人提供更多自主權和勝任感，由此產生積極反饋循環，強化個人的自信心。擔任教師角色時，會覺得自己具備力量和信心，再將這股力量轉移到生活的其他領域。

教學的好處不只如此。對知識的反覆練習，除了有助於人們更好理解學習內容外，還能磨練如溝通和領導等其他技能[7]。此外，教學不僅僅限於學術科目——在高爾夫球等體育活動中，也能藉由教學在運動學習和理解複雜訊息方面帶來優勢。顯然，教授他人能從學習和技能兩方面，將人們最好的一面展現出來！

如何利用「門徒效應」促進學習

建議透過三種「門徒效應」的方式增強學習：

其中一種方法是像備課一樣的過程。**此方法要求人們對教學內容有深刻的理解，直到自己覺得足夠自信向他人解釋**。包含預測可能會被問到的問題，並提前找到這些問題的答案。以教授他人的方式進行學習，是掌握學習內容的重要部分。這種方式會引人全面理解，對各種主題進行檢查和探索，不僅更容易記憶所學內容，還可以認識到它與其他知識的相互聯繫，有助於培養對所學內容的更深刻理解。

此外，若為他人可能的提問做準備，人們的解釋能力便會隨著時間而變得更加精緻。總的來說，採用以教學為目的的學習方法，會比簡單地將事實和數據塞入頭

7 Farr，2010。

腦中，帶來更大的教育益處。以下是利用門徒效應進行有效學習的範例：

假裝成為一名老師

想像自己是一名老師，正準備教授自身所學主題的課程。思考該如何組織課程、使用哪些範例，以及要強調哪些重點。這個練習有助於識別自身知識的漏洞，鞏固已知的內容。

為了充分發揮「門徒效應」的作用，可以將學習的過程視為在為教導別人做準備。盡可能逼真一點，想像自己正在傳授這些內容給另一個人，甚至可以大聲練習，鞏固對學習內容的理解，並提高清晰傳達的能力。

除了說明教材，還可以假裝自己被學生提出具體的問題，將這項練習提升到更高層次。這有助於找出自己知識中的任何漏洞，確保對主題有全面的理解。透過這種方式模擬教學情境，能增強學習效果，更有效地保留資訊。

將學習內容傳授給他人是一個很好的方法，人們將能更好地記住知識，從「門徒效應」中受益。為了使自己的體驗變得更真實，建議在練習時設想場景，並口頭解釋內容。

在這個過程中，超越基本的解釋至關重要，必須思考如何回答來自學習者的特定問題。為了獲得最佳效果，可以一人分飾兩角，真正感受到這是兩人或更多人之間的對話。

而教授真實的對象，無疑是完全掌握一門學科的最佳方式。一旦知道自己的知識將受到測試，要對自己的教學品質負責時，便會激發學習的動力。儘管教授別人需要付出很多努力，但會帶來巨大的收益，因為自己必須要對教學主題有充分的理解，並以有效的方式進行溝通。

這不僅有助於提升作為教育工作者的技能，還能成為在本身學習領域取得進步的墊腳石。知道有人正依賴著自己的專業知識，更進一步提高了這種價值。請參考以下範例：

- **傳授給家人：**選擇一個正在學習的主題，向家人或朋友傳授。假裝自己正在向對該主題一無所知的人解釋。這個練習有助於釐清對主題的理解，確認需要進一步學習的領域。此外，還可以採用其他技巧強化我們的理解。
- **設計簡報：**製作一個有關所學內容的簡報，並假設要展示給一群人看。這個練習有助以邏輯順序組織內容，且以清晰和吸引人的方式呈現它。

- **參加學習小組：**加入或組建學習小組，與其他正在學習相同內容的人一起學習，輪流教授彼此這些內容並提問。該練習將有助於向同儕學習，獲得新的視角。
- **撰寫教程：**以向初學者說明的角度撰寫教程，使用簡單的語言和明確的範例，幫助其他人理解這些內容。這項練習將有助於釐清自己對主題的理解，提高溝通的能力。
- **自願教授：**這個練習不僅有助牢固對內容的理解，還讓人們有機會在社區中產生積極影響。

門徒效應有很多不同的應用方法，請選擇最適合自己的技巧組合。例如先以假裝要將內容教給別人的方式學習，然後再假裝將其教授給某人，或是真的實際教授給他人。

在選擇要使用的方法之前，重要的是先考慮每種方法的潛在好處和成本。例如，親自教導別人可能會從門徒效應中受益最多，但也需要更多時間和精力安排與他人的會面。另一方面，以假裝要進行教學的方式來學習，把自己當成教學者，這個方法不一定會像實際教學一樣有效，但通常比較方便，也更容易安排。

要使用哪種方法，取決於個人的情況、喜好和目標。比如有人喜歡教學，而且時間很多，或者有人即將面臨重要的考試，那麼當面實際教學可能就會是最佳選擇。然而，如果不喜歡教學或時間有限，用假裝教學的方式可能會更有效。請根據個人的需求和情況，決定哪種方法最適合自己。

本章重點

- 悖論思維是一種利用悖論和矛盾，來激發新見解和想法的思維方式。包含對模糊、混亂和相反的觀點感到自在，以及透過「可以是A，也可以是B」而非「不是A，就是B」的方式來思考、看待世界。
- 重新定義問題是一種強大的技巧，幫助人們應對緊張局勢，找到複雜問題的創新解決方案。承認每種情況或問題都伴隨著緊張，能使我們在不舒服的情況下感到自在。與他人聯繫並尋求他人意見，是改變視角並發現新可能性的一種寶貴方式，對外部意見持開放態度，則幫助我們識別以前未曾考慮的機會。

- 阿爾伯特·愛因斯坦在青少年時期開發了「分心指數」，來衡量注意力集中的程度。他以能在任何任務上，高度集中長達四十二分鐘的專注力而著稱。
- 使用愛因斯坦分心指數：在一張空白紙上寫下「我不會再被這些事情分心」，設置一個五分鐘的定時器後開始閱讀。記錄每一個分心的時刻，然後在心中默讀寫下的句子。當定時器響起時，計算五分鐘內的分心次數。
- 門徒效應是一種心理現象，透過教學、假裝教學甚至是計畫實際教導某個觀念，顯著提高人們的理解力。參與這種活動的人，能更深入地認知當前的主題。

第3章

思想的力量——腦中的世界

THE POWER OF THOUGHTS-THE WORLD WITHIN YOUR HEAD

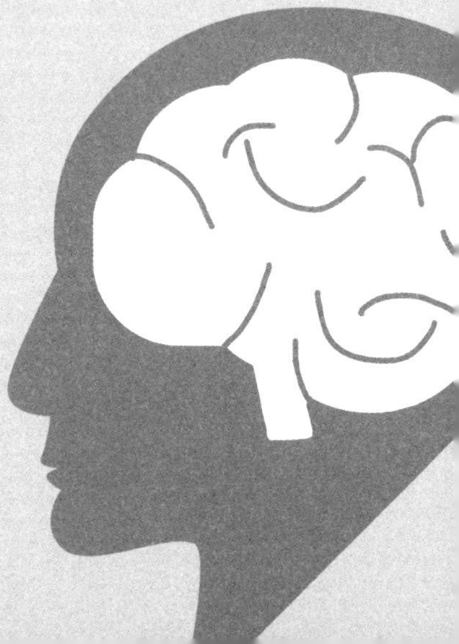

思想擁有巨大的力量，驅使人們進步，如果正確引導，將使學習變得更有效。我們通常會認為學習像一場硬仗，但藉由集中思想的力量和某些有用的工具，學習將成為更愉快和有益的體驗。

本章討論了一些技巧，例如「思想漫遊」（thought walking）——讓想法「散步」，激發創造力，發現習而不察的細節。

此外，透過另一種被稱為「思想實驗」的技巧，使人們在應對挑戰時，可以專注尋找更具創意的解決方案。

「圖像串流」則是一項很有趣的工具，鼓勵學習者密切關注接收到的細節，並提高對這些細節的理解。到頭來，關鍵在於掌握思想的力量，而這些工具正好給予我們實現該目標的機會！

思想漫遊

歷史上許多偉大的思想家都有一個共同的習慣，那就是透過獨自長時間的徒步旅行，來構思最偉大的作品。法國哲學家讓－雅克．盧梭（Jean-Jacques Rousseau），將這種散步稱為「思想漫遊」而聞名於世。

同樣地，約翰．沃爾夫岡．馮．歌德（Johann Wolfgang von Goethe）在創造新事物時，也經常藉由散步獲得靈感。西格蒙德．佛洛伊德（Sigmund Freud）則在多次徒步旅行，穿越美麗的貝希特斯加登阿爾卑斯山時，創造了他對人類潛意識極具影響力的理論，至今仍然影響著現代思想。

無論是透過大自然獲得洞察力，還是找到一個寧靜的地方默默進行腦力激盪，這些力量強大的思想家，在歷史上一步步地走出屬於自己的路。

愛因斯坦有充分的理由熱愛散步：許多證據表明，一步一步地踏步，對於人的記憶、問題解決能力，甚至創造力都有奇妙的作用（這點只要問達爾文〔Darwin〕就知道了）。在普林斯頓大學工作時，愛因斯坦選擇從家裡步行一英里半的路程上下班。他致力於保持積極的生活方式，願意將身體活動融入日常生活。

從認知角度上來看，散步有助於提高創造力和加速學習，這件事似乎不太合理。畢竟，這會使大腦分散注意力，讓人們只關注當下的步伐。然而，目前研究人員認為，這或許與一種稱為「短暫前額葉機能低下」（transient hypofrontality）的現象有關——當人們在散步時，大腦的前額葉活動（負責記憶、判斷、語言等功能）可能會暫時降低。

這種思維的轉變，會帶給人們在坐著時無法實現的新見解。儘管這尚未被證實，但無疑是個有趣的概念。

「思想漫遊」也是應對壓力的絕佳方法。此練習可以降低壓力水平，對手頭的問題產生更全面的視角。這種反思的實踐，使我們能遠離當下，並有機會對問題獲得寶貴的洞察力。在這趟心智之旅中，重要的是敞開心扉，不僅要打開心靈，還要敞開思想，才能在思緒中閃現出明智的時刻或靈感，引導出解決困難的方法。

另外，散步還能激發創造力，使人們遠離書桌或螢幕，在坐困愁城時釋放身體中的腦內啡。**因此，當你真的很擔心某個問題時，建議進行一次「思想漫遊」。**「思想漫遊」將激發靈感，並提供場景的變化，對於處理擔憂和焦慮有所幫助。關鍵是選擇一個讓人感到安全和舒適的地點，專注於當下，允許自己釋放正在擔憂的問題。

在社區、購物中心、公園、森林、工業區等地四處漫遊將令人振奮。

根據所居住的區域或可到達的地方，有各種不同思想漫遊的選擇。如果對當地區域感到舒適和熟悉，那在社區內四處晃蕩就是個不錯的方法。公園或自然小徑提供了寧靜和舒緩的環境，而購物中心或工業區則提供更多的活動和刺激。

最重要的是，若選擇感到舒適和安全的地方，請在那裡專注於自己的思緒和情感，使其不受干擾。而若在一個刺激性的環境中進行思想漫遊，人們會發現自己獲得了對問題的新視角，找到新的解決方案或洞察。

當面臨問題時，「思想漫遊」是應對焦慮和擔憂的有效方式。有意識地四處走動，遠離壓力或緊張的源頭，能夠讓大腦休息，同時參與身體活動。這不僅有助於應對身體和情緒上令人疲勞的任務，還有助於獲得對當前情況的洞察或視角。

此外，在專案中使用隱喻，也是非常有效的方法，可以增加創意和視覺深度。要實現這點，必須尋找日常生活中的元素，透過文字描繪出來。

發現一個獨特的物體、情況或事件，打破常規思維，探索表達常見想法的新方法，有助於為工作的創作帶來全新視角。

如此一來，人們便可以進一步強調在這個專案中他們想傳達的訊息。**尋找有趣的物體、情況或事件，作為正在進行的任何專案的隱喻。**

探索不同的觀點，在看似無關的想法之間建立聯繫，將使人們獲得新的見解，進而找到創新解決方案。

隱喻思維在問題解決中是個強大的工具，能夠在各種情境中生成創意思想和解決方案。以下是一些例子：

- **改善顧客體驗：**假設有個人希望改善他經營的零售公司的顧客服務，當他出去散步，注意到一家豪華酒店，便可以將酒店的禮賓服務作為隱喻，引導自己的思考。想像公司就像一家豪華酒店，思考如何使購物體驗更加個性化、周到和方便。例如，提供私人購物服務、免費包裝禮品或免費茶點等。
- **提高團隊生產力：**假設某個人努力想提高團隊的生產力，他在社區裡四處走動時，注意到孩子們在打籃球。然後，他可以使用體育隊伍的隱喻引導自己的思維。把團隊想像成一支籃球隊，思考如何改進溝通、合作和激勵。例如，設定明確的目標和指標，建立一種負責和支持的文化，並為高績效提供獎勵和認可。

總的來說，在解決問題時使用隱喻思維，可以刺激創造力、產生新的見解，克服思維障礙。藉由探索不同的觀點，把看似無關的想法相互串聯起來，人們便能以全新和創新的方式處理問題，從而獲得更有效的解決方案。

在完成針對解決問題而進行的思想漫遊後，花些時間反思，並以視覺方式捕捉所獲得的見解。畫出觀察到的物體或體驗，注意它的特徵，還有可能與它有關的隱喻。

隨後提出問題來思考潛在解決方案，例如：「如果我的問題是這個……？」、「這與我的問題有什麼相似之處？」，又或是「我可以在……和我的問題之間建立什麼比喻？」提出這些深入的問題，有助於在看似不相關的概念之間，建立自然的聯繫，從而挖掘創意解決方案。

在完成思想漫遊，並找到可以與自己的問題進行隱喻比較的有趣物體或體驗之後，畫出一幅圖畫，列出其特徵，這麼做能進一步激發創意思維。以下是一些在特徵和問題之間建立聯繫的技巧：

- **列出特徵**：首先，列出在思想漫遊中觀察到的物體或體驗的所有特徵，包含物體的物理特徵、感官特質或情感聯繫。
- **識別關聯**：尋找每個特徵與問題之間的聯繫。提出以下提問：「這與我的問題有什麼相似之處？」、「如果我的問題是……？」、「……好像是解決問題的辦法，因為……」、「……和可能解決我問題的想法有什麼相似之處？」、「我可以在……和我的問題之間建立什麼比喻？」盡量嘗試多找出一點相關性，即使看起來有些牽強或不太可能。

- **挑戰假設：**不要害怕挑戰假設、超越常規思維框架。有時，最有創意和創新的解決方案，往往源於出乎意料的關聯和擺脫傳統的思維。
- **實驗想法：**一旦識別出一些潛在的聯繫，就嘗試以不同的想法和方法，測試哪一個的效果最好。如果有些想法不奏效，不要感到氣餒；探索和測驗不同解決方案的過程，是創造性解決問題的重要部分。

總之，思想漫遊和隱喻思維，是產生創意想法和解決複雜問題的有力工具。在看似無關的想法之間建立聯繫並挑戰假設，便可以用新穎和創新的方式應對問題，從而獲得更有效的解決方案。

思想漫遊向來是一個不錯的主意，如果將其與思維實驗相結合，會使學習體驗變得更加強大，因為這會讓人們以新穎的方式探索概念和想法，推動想像力的界限，對熟悉的問題產生新的觀點。

暢玩思維實驗

在一個寒冷的夜晚，篝火已經燃燒了幾個小時。餘燼在黑暗中發出微光，五位朋友坐在火堆旁閒話家常。一如既往，談話最終轉向了更抽象的層次——這次討論的是個假設性問題。

某位朋友提出一個開放性的問題：「如果可以穿越時空，你會去哪裡？」突然間，每個人都陷入了沉思，有人想去古埃及，或回到過去目睹歷史上的關鍵時刻。

接著，篝火對面的聲音說：「不……我是說，如果你真的能改變一些事情的話。」大家都好奇地看著他——這是什麼意思？他開始解釋，他想讓大家想像一些不只是受地理位置限制，還受到道德和倫理約束的情境。基本上就是創造思維實驗。

這五位朋友討論了各種假設情境，從沒有金錢的生活，到機器人是否應該被視為有權利的有情生物。令人難以置信的是，這些問題讓他們深思自己的價值觀和信仰，每個問題都將他們推向哲學領域，直到他們看不到顯而易見的答案為止！

當時間在篝火旁變得緩慢，我們的思緒好像被帶往遙遠的地方；像是「如果擁有十億美元，你會做什麼？」這樣的問題會讓思緒進入一段令人興奮的旅程。然而，如果某位朋友進一步深入思考的過程，那麼看似瘋狂的假設情境，實際上可能是值得分析和探索的思維實驗。

這些生活的謎題讓人們沉浸其中，長期埋在心中辯論和討論潛在的答案——而這一切都在溫暖的火光和星星的輕舞中上演。在同伴情誼和自我內省的氛圍中，這些思維實驗成為了對人類本質的真正考驗，迫使我們去思考這些實驗對人類有什麼意義。

思維實驗類似假設性科學實驗。根據我和前火箭科學家奧贊・瓦羅爾（Ozan Varol）的說法，想要實現看似不可能的目標，需要無拘無束的創意思維。瓦羅爾建議使用哲學思維實驗來激發創造力。思維實驗是一種在不用承擔金錢風險，或危害自身和他人安全的情況下，應對挑戰的絕佳方式！

思維實驗是在心中構建的虛構情境，通常以假設性問題的形式來思考一個想法。例如，在丹尼爾．卡尼曼（Daniel Kahneman）的《快思慢想》（*Thinking, Fast and Slow*）中，提出了這樣的思維實驗——如果希特勒是女性會怎麼樣？這些思維實驗使用「假如」情景得出合乎邏輯的結論，從而使人們探討在現實生活中不太可能實現的哲學、科學和理論性思想。

例如，很多人都知道量子力學中著名的「薛丁格的貓」（Schrodinger's Cat）思維實驗，該實驗顯示了兩個矛盾的真理如何同時存在。因為思維實驗通常是具循環性的，旨在說明問題而不是提供答案，所以結果可能因提問的設定有所不同。

當有人認為某件事無法完成，或需要比現有資源還多的專業工具時，建議考慮使用思維實驗來探討想法，有助於發現一些卓越的結論。

這時提出的問題，應該針對個人的興趣，例如在醫療領域工作的人可能會問：

「若用機器取代外科醫生，會發生什麼事？」

阿爾伯特．愛因斯坦的開創性科學發現，使他在歷史上堪稱傳奇人物。他的許多發現都是透過思維實驗的方法而得出的，這正是他擅長的技巧，如實展示了人類思維的力量以及其探索新領域的能力。

在孩提時期，愛因斯坦就產生一個非常創新、關於追逐光束的思維實驗，最終改變了人類對物理學的看法。

他著名的廣義相對論——強大到幾乎令人難以置信——就是源於幾個極為複雜的思維實驗。包含可視化加速的電梯、探索彎曲表面的盲甲蟲，甚至是如果有人從屋頂掉下去會發生什麼！真是不可思議；有人說想像力可以移山，但沒有人能猜到它會改變宇宙運作的法則！

思維實驗不僅適用於科學家和思想家，對於要實現任何重大任務或目標的人來說，也都具有其教育價值。將它們視為一種刺激好奇心和創造力的非結構化遊戲，同時也讓人類挑戰以新的方式使用大腦。

如何暢玩思維實驗

以下是瓦羅爾使用思維實驗激發想像力的頂尖建議：

想像自己是個六、七歲的小孩。

一個沒有負擔和責任的孩子，他們的思想常常會遊走在新奇、富想像力的世界中，凡事皆有可能發生。他們可以探索這些想法，而不必承擔承諾或實施後產生的負擔。

他們會思考看似不可能的事情，像是：「如果世界上所有的動物都能說話，牠們會說些什麼？」或者「我可以設計一個只存在於家裡後院的主題樂園。」正如作家格雷格・麥基恩（Greg McKeown）所言：「想像力的遊樂場，對於培養創造力至關重要。」這使他能夠擺脫單調的日常，探索新想法，不必擔心物質後果。

此種形式的遊戲，培養且鼓勵他構思任何創意的想法，幫助他在成年後依然建立堅實的構想基礎。

這個年齡階段的孩童，通常擁有豐富的想像力，對周遭世界充滿好奇。他們喜歡玩扮家家酒、探索大自然、創作藝術或音樂。

在這個年齡階段的遊戲和想像中，經常出現的主題包含：

- **幻想和扮演：**喜歡想像自己是超級英雄、公主或其他虛構角色，並圍繞這些角色創造精心設計的故事和情境。
- **探索和發現：**對周遭世界充滿好奇，喜歡探索大自然，嘗試新事物，瞭解不同的文化和傳統。
- **創造力和自我表達：**透過藝術、音樂、舞蹈或其他形式的創造性表達來展現自己，喜歡嘗試不同的內容和技巧。

對六歲或七歲的孩子而言，世界充滿了驚奇和可能性，他們對各種想法和經歷都持開放的態度。在這種情境下，思維實驗便是一種有趣和引人入勝的方式，探索不同的情境和可能性，發掘每個人內在如孩子般的好奇心和創造力。

讓自己感到無聊

瓦羅爾解釋，無聊是一個重要的狀態，能促進深度放鬆，並因為思想的漫遊而增加我們的創造力。但在當今時代，它的存在經常受到威脅，人們早已習慣充斥著科技和不斷被娛樂分心的日子，所以要讓自己感到無聊可能會有點困難。

為了讓它變得更容易達成，嘗試一些能解放大腦，同時能提供一些背景刺激的活動，比如淋浴、散步或沉浸白日夢中。這些活動有助於自然激發創意靈感，也不必完全脫離現實生活。

無聊是一種複雜的心理狀態，當我們認為當前情況缺乏有意義的刺激時，便會產生不滿和不安的感受。某些研究人員提出，無聊可能是一種心理機制，驅使我們尋求新穎和新奇的體驗，促進探索和發現。

瓦羅爾認為無聊具有重要性，卻常受到威脅的觀點其來有自。在現代社會中，人們經常持續受到刺激和分心的干擾，難以找到時間和心智空間去感到無聊。然而，允許自己覺得無聊，可以挖掘創造力，產生新的想法和解決方案。

為了提供自己無聊和創造靈感的空間，請嘗試一些簡單的策略：

- **斷開科技連接**：關掉手機、電腦和其他設備，讓大腦休息，擺脫不斷湧入的資訊和娛樂。
- **參與無腦活動**：淋浴、散步或做簡單的家務活動，像這樣的活動讓大腦有機會漫遊，探索新想法。
- **練習正念**：專注於當下，完全投入周遭環境，為無聊和創造靈感提供心智空間。

最終，將無聊視為一種自然且重要的心理狀態，就能發揮自己天生的創造力和解決問題的能力，發現新想法和解決方案。

嘗試結合性遊戲

結合性遊戲是創造力的重要元素之一。因此，許多成功人士會尋求多樣的經歷，以幫助在其主要領域中開發想法和解決方案。

例如，皮克斯（Pixar）共同創辦人艾德·卡特穆爾（Ed Catmull）創立了一個名為「皮克斯大學」的計畫，讓員工參加超出原本正常學習範圍的課程，例如雕塑和戲法。

阿爾伯特·愛因斯坦是科學和藝術領域的指標性人物。他發現，將音樂融入他的科學研究過程，對他的成功至關重要，因為他強烈依賴音樂這種藝術形式來激發創意，並突破思維障礙。藉由演奏心愛的小提琴，愛因斯坦進入了更深層次的創造意識，使他能夠以新的方式和想法互動。

他跳出框架，提出突破性理論，這是他僅將自己限制在科學領域時，無法實現的事情。對愛因斯坦來說，音樂的正式美感讓他更接近理解宇宙的數學代碼；這種思維幫助他構建了他最具標誌性的物理和相對性理論。

為了最大程度發揮創意潛力，人們應該努力積極參與結合性遊戲。尋找機會接觸不同領域，例如，閱讀自己通常不感興趣的書籍、觀看主題和自己沒什麼關聯的電影，或參加有關陌生、不熟悉的主題的課程和會議。從多元化來源獲得的見識愈多，就愈有可能產生具有創意的思維和解決方案。

結合性遊戲確實是激發創意和產生新思維的有效方法。將不同的事物結合在一起，將創造全新和創新的東西。以下是一些使用結合性遊戲來提高創意的建議：

- **探索不同領域：**盡可能將自己暴露於不同的領域。包含閱讀陌生主題的書籍或觀看相關電影，參加會議或研討會，甚至是去學習一門完全不相關的課程。
- **擁抱好奇心：**創意會在好奇心的滋養下蓬勃發展。不要害怕提問，尋找新的資訊，探索引起內心深處共鳴的主題。讓思維著迷於世界，好奇心將引領你走向意想不到的道路。例如，一位研究氣候變化影響的科學家，可能會對某些物種在溫度變化下的反應感到好奇。藉由探索這種好奇心，發現有關這些物種如何適應環境變化的新訊息，這可能會為環境保護工作帶來新想法。

- **冒險：**結合不同的事物或許會有風險，但這也是令人興奮的一部分。不要害怕嘗試新事物或冒險嘗試新點子，即使最後不一定總是成功。我們將從每次的經驗中學到有價值的東西。例如，一位企業家有一個新點子，打算將兩個不相干領域的產品結合，但不確定是否會成功。儘管存在風險，他還是決定冒險，推出了這個新產品，最終取得巨大成功，甚至改變了整個行業。
- **與他人合作：**有時最具創新性的點子，會在與擁有不同觀點和技能組合的人合作時出現。與他人合作有助於我們以全新的方式看待事物，產生自己本來不會想到的點子。例如，一組工程師被指派為一個城市設計新型的交通系統。他們與城市規畫師、建築師和市政官員合作，獲得來自不同觀點的意見。透過合作，他們一起設計了一個具創新性且實用、滿足社區需求的設計方案。

利用組合性遊戲提升創造力的關鍵在於保持開放的心態，具有探索的意願。不要把自己限制在已知的事物上，而是勇敢冒險嘗試新事物。如此一來，就更有機會提出創新的想法，幫助自身在所選的領域中獲得一番成就。

嘗試新事物或許有點困難，但在組合性遊戲中，混合不同的元素通常會產生前所未有的創意點子。有些人認為專注在一個領域學習已經足夠，但許多成功的人知道，參與不同的活動有助於拓寬思維，為所處的領域開拓更多可能性。

準備好嘗試了嗎？閱讀陌生主題的書籍、觀看平時不會看的電影，如果覺得很有趣，為何不試試去上一門新課程，或參加一個超出你舒適區的會議呢？

圖像串流

思維實驗和圖像串流這兩種技巧，長久以來都被富有創造力的人結合使用。思維實驗是一種強大的邏輯和分析思考工具；圖像串流則有助於將抽象概念與腦海中的具體圖像相接。例如，一位數學家可能會設想一個齒輪系統，同時在腦海中形象化齒輪的實際圖像。

這種具像化的呈現，有助於幫助他更好地理解這些抽象系統如何相互作用、彼此影響。

圖像串流是一種工具，旨在複製像愛因斯坦這樣的視覺思考者所使用的思維模式。在愛因斯坦的自傳中，描述了一個頓悟的時刻：他想像自己正在駕駛火車，同時朝鏡子問一個關於反射的問題，最終引領他提出了相對論理論。

在溫．文格博士（Win Wenger）的著作《愛因斯坦因素》（*The Einstein Factor*）中，他提到：「**圖像串流是指在觀察持續流動的感官圖像時，向現場聽眾、觀眾，或甚至將錄音設備作為潛在觀眾，盡可能詳細地描述這些圖像。**」據文格所言，「深度思維實驗」可以通過圖像串流技巧來複製。

這種創意思維有助於加速問題解決，提高學習速度，幫助自我發現。透過定期練習，閱讀理解能力也會提高，因為在想像文字和觀念時，所有想法都必須經過深入處理。

人類依賴大腦理解世界，而對某些人來說，這個過程會以更加視覺化的方式進行。從出生開始，我們就已經使用圖像思考，利用這種能力參與世界並理解他人。可惜的是，父母和老師往往會責備孩子做白日夢或心不在焉，沒有專注於當下。然而，這種思維方式並未消失，只是被埋藏在心底，跟隨我們到成年，隨時準備被召喚出來解決複雜的問題，釋放創造力並快速獲得洞察力。

人類的心理和智力資源大多埋藏在潛意識中，而且比有意識的思維運作得更快。這些潛意識的資源包含記憶、信念、價值觀、情緒和直覺，它們全部被存放在大腦的不同地方，影響著我們的思維、感覺和行為。

雖然有意識的思維依賴語言和邏輯處理資訊，但潛意識的思維則是依靠圖像和符號來運作。這也是為什麼像圖像這樣的視覺思維工具，能夠有效觸及更深層面的意識和理解。

藉由圖像和可視化來利用潛意識的資源，將獲得有意識的思維無法觸及的新見解和視角。這種方法也會讓人們在問題解決、創造力提升和個人成長上取得突破。因此，如果想充分使用所有心理和智力的資源，就必須學習如何以圖像和可視化的方式，接觸潛意識的思維。

透過一些練習可以實現這個目標，例如圖像串流、冥想或可視化練習。這些方法將會拓展我們的意識、加深理解，並解鎖新層面的創造力及洞察力。

兒童通常擁有豐富的想像力，而這是大部分成年人欠缺的特質。成年人往往會在想法成形之前就先編輯或扼殺它們，所以重點在於允許想像力自由發展，構想出解決方案或更好的做事方式，以實現創新。

假如我們不要總是去編輯，而是練習對自己的夢想和願景進行詳細闡述，會變得怎麼樣呢？重要的是不僅要思考這些想法，同時要大聲表達出來。藉由充滿熱情和激情地表達，人們將發現從前沒看見的創意途徑。

當人們閉上眼睛，專注於大腦中正在發生的事情時，通常會看到一個生動的場景。這個場景可能是山區的一個草地，上面佈滿了紫色和橙色的美麗花朵。或許還會聽到附近一條潺潺小溪的流水聲，周遭是一望無際的茂密樹林。突然，遠處傳來一陣美妙的歌聲，來自一個未知的地方，彷彿充滿喜悅的精靈就居住在這裡。

將這些想法大聲描述出來，幾乎像施了魔法一般，解鎖了通往無限可能性的大門。這就是為什麼讓思維自由發揮、如同電影般串流的各種圖像如此重要——最終將揭示前往新可能性的道路。

如何實踐圖像串流以加速學習過程

以下是基本的逐步方法，可以訓練對圖像串流的敏感度，並更加理解屬於自己的圖像串流：

向自己提問

一旦掌握這個竅門，便很容易利用圖像串流發揮自身潛力。從提出問題開始，是很有幫助的作法。無論這是個困擾你很久的問題，或只是單純引起你興趣的東西，停下來冥思一會，提出一個初始問題。

專注於這個問題，會讓我們更靈活地進行後續步驟，迅速找到答案。透過不斷練習，這種體驗將變得更加流暢和更具直觀性。這一切都是為了替自己創造一個正確的空間，以發現對人生更有意義的事情。

以下是一些示範提問：

- 「是什麼讓我困在目前的工作中，該如何突破這個障礙？」
- 「有哪些我以前沒有考慮過，關於自身事業的新想法？」
- 「我該如何改善我與家人、朋友的關係？」
- 「是什麼阻礙我實現健身目標，該如何克服這些障礙？」
- 「我可以採取哪些步驟改善心理和情緒健康？」

- 「我該怎麼做才能讓生活感到更充實、更滿足？」
- 「我可以採取哪些步驟提高在個人和職業關係中的溝通技巧？」
- 「我可能會喜歡探索哪些新的愛好或興趣？」
- 「我可以採取哪些步驟成為組織中更有效和成功的領導者？」

請記住，關鍵是提出有意義和相關的問題，請隨時調整這些範例，或提出符合個人興趣、目標和需求的問題。

開始進行圖像串流

進行圖像串流，重要的是要有聽眾或準備錄音設備。找到一個舒適的環境，閉上眼睛，讓自己放鬆，開始表達腦中出現的圖像，並注意細節。讓這些圖像如河流般自由流淌，詳細且大聲地說出這些畫面，同時記錄所有想法。

盡可能使用生動的形容詞，將其視為用形容詞喚起圖像的腦力激盪。看看每一句話會帶領思維去向何處，繼續進行下去。不要試圖把任何畫面強行塑造為結構或敘述；讓結局自然顯現並以自己獨特的方式表達。隨著新的畫面湧現，這個過程可以是很自由的，以激發出人們真正的創造力！

要開始圖像串流，請遵循以下步驟：

選擇一個寧靜和舒適的空間坐下來放鬆。

找到一位聽眾或一台錄音機，記錄自己的描述。閉上眼睛，深呼吸幾次以放鬆身心。接著提出想透過圖像串流探索的問題，專注於浮現在腦海中的第一個圖像，用豐富的感官細節大聲說明出來。使用形容詞和描述性的語言，創建一個生動和詳細的畫面。

盡可能快速且連貫地描述圖像，允許更多不受限的畫面浮現，描述時要注意任何圖像或印象的變化，並隨其自然開展。不要擔心必須創建一個有序的故事或敘述，而是允許圖像和印象自由流動。

持續描述至少十到十五分鐘，或直到已經對所探索的問題感到滿意為止。完成後，回顧錄音或筆記，反思在圖像串流過程中出現的任何洞察或新的觀點。

請記住，圖像串流是一個創造性和探索性的過程，請以開放的心態進行，樂意接納任何浮現的圖像或印象。身為人類，潛意識通常比我們想像的更睿智。每個人都擁有潛在的智慧，只要知道通往這些智慧的方法就能受益。

花些時間以聲音描述並記錄自己的想法，打開通往令人難以置信的洞察之門，這些洞察可能是以前從未思考過的。

因此，不要害怕圖像和想法會引導你去向何處。起初它們可能看似毫不相關，但最終將會提供我們詳盡的解決方案或強大的洞察。留點時間和空間讓潛意識運作，看看它會帶來什麼樣的啟示。誰知道我們將得到什麼樣的啟發性答案呢！

特徵性問題

從圖像中挑選一個特徵，例如一面牆、一棵樹或一叢灌木，任何出現在圖像中的東西都可以。想像將手掌放在那個物品上，研究其觸感（並描述它）以加強與該體驗的聯繫。

問那個岩石、灌木或牆壁：「為什麼你（即該物體）會作為我答案的一部分，出現在這裡？」（或是作為這個資訊的一部分？）提出這個問題時，觀察圖像是否發生了變化，描述這些變動。

藉由對圖像的特徵提問，增強與該體驗之間的聯繫。簡單地將手放在圖像中的一個特徵上，檢查其紋理和觸感。詢問該問題為什麼是答案的一部分，促使圖像發生變化，這些變化可以提供進一步的分析。透過這種練習，對訊息和其組成的理解會更加深入。

以下範例將進一步說明這個過程：

當我把目光投向生動的圖像時，一個特徵引起了我的注意——濃密的灌木上點綴著鮮紅的顏色。我伸出手指，沿著樹枝滑過，皮膚像被電擊一樣刺痛。葉子卻光滑無比，我不禁想知道為什麼灌木會是場景的一部分？所以我問它：「你為什麼在這裡？」令人驚訝的是，灌木似乎伴隨早晨的風微微搖動著。

太陽突然穿破雲層，閃亮的光線投射在波動的葉子上。這感覺像是一個答案。我彷彿與灌木建立了某種聯繫，翠綠的深處似乎在呼喚我向前走進。

歸納推論

歸納推論是生成新想法和見解的強大工具。透過這個過程，可以接觸自己的潛意識，找出潛在的解決方案和問題答案。該過程包含使用圖像串流，在五到十五分鐘內反思解決方案，然後請求潛意識幫助，以更好地理解答案，進一步探索相關想法。

這種幫助以兩到三分鐘的圖像來呈現，這些圖像從不同角度激發對於相同答案的理解，旨在使用另一個角度呈現相同的訊息。參與這項練習，將獲得超越最初五到十五分鐘內識別的見解。

相同點是什麼？當人們比較不同的圖像集合時，會發現核心答案或資訊通常保持一致。對某些人來說，這可能表現在熟悉的顏色或形狀，也可能以挑起某些情緒或聯想來展現。

令人振奮的是，即使每組圖像在外觀上有許多差異，仍然能識別和欣賞它們的核心。即使小細節被更改，在不同圖像組合之間仍然成立相同的基本概念。挑戰之處在於比較這些圖像時，找出那條共同的線索。

從自身環境中收集詳細的圖像，是創建有意義聯繫的一種有效方法。保留這些訊息並在心中組織它，有助於人們更深層次地處理訊息，從而刺激學習和智力發展。透過詳細地描述圖像組，發現圖像之間共通的主題和想法，將讓訊息變得更容易解釋。

建立這些認知聯繫是開發知識和理解複雜情況的關鍵，因此詳細的圖像描述具有極大的價值。

- **相關性：**回到最初的問題或背景，思考這些核心要素和問題答案的關聯性。在探索問題的核心要素之後，很明顯它包含了達到預期結果需要的所有必要訊息。拆解和分析問題的各個方面，找到潛在解決方案，評估它們解決困境的效果。專注於每個元素以節省時間和精力，確保生產力目標。結合這些元素，便可以創建一個能夠實現自身目標的計畫。
- **總結：**此過程包含反思一段經歷，以發掘在初次經歷時未能馬上發現的次級聯想、思維和意識。這種反思可以透過向另一人總結經歷，或將其記錄在筆記本或電腦中來完成。媒介的改變和反饋會引入新的次級聯想，從而使我們更深入地理解這段經歷。

為了驗證從總結過程中獲得的理解，請提出一些問題，例如：「我該如何確保這種理解是正確的？」這會引導出一種測試和驗證理解的方式，或提醒人們回想實時數據與經歷，以證明這種理解是正確的。

圖像串流的一個獨特優勢，在於它能快速獲得問題的答案。其他創意問題解決方法通常需要先重新定義問題，才能找到答案，圖像串流則運用頭腦更深層的能力，瞭解真正的問題為何，提供即時的答案。

透過不斷練習，圖像串流也可以加速獲得答案的過程。儘管這種活動對智力的增強效果必須隨時間累積，但如果當下尋求的答案更具有價值，那麼在一、兩分鐘內得到驗證的答案也是有可能的。這使圖像串流在時間有限的情況下，成為一種高效的問題解決方法。

另一個有幫助的提問是：「在這種情境下，我還需要瞭解什麼？」以這個問題揭示任何被遺漏的訊息，而這些訊息能進一步增強所需的理解。

最後為了學以致用，請提出：「針對這個理解，我可以做出什麼具體、確實可行的第一步？」來確定要採取的實際行動。

本章重點

- 「思想漫遊」是應對壓力情況的絕佳方法。這項練習可以減輕壓力水平，使人們對眼前的問題有更多的洞察。這種反思的實踐，讓人從當下抽離，從而獲得對問題的寶貴洞見。
- 思想實驗是深入研究假設性問題或困境的有趣方式。有助我們更全面瞭解主題，從各個角度理解問題，探索最初可能未曾想過的重要問題。從讓自己感到無聊開始，喚起內心的童真，並沉浸在組合性遊戲中以激發創意。
- 在《愛因斯坦因素》一書中，溫·文格概述了一種稱為圖像串流的有趣實踐。這種方法包含口述頭腦中出現的任何圖像，創建促使個人成長的內部對話。它是一個有價值的工具，有助人們深入瞭解在潛意識中，可能未被注意到的思維模式。圖像串流對許多人來說都很有用，提供了人們擴展意識視野的途徑，使我們比以往更深入地理解自己和周遭世界。

第 4 章

學習的藝術——失敗・解決問題・愛因斯坦的閱讀方式

THE ART OF LEARNING: FAILING, SOLVING PROBLEMS, AND READING LIKE EINSTEIN

阿爾伯特・愛因斯坦不僅是優秀的科學家，還是一位卓越的學習者。他以創新的問題解決方法、願意接受失敗，以及求知若渴的閱讀習慣而聞名。愛因斯坦是位熱衷閱讀的人，他認為閱讀對於擴展知識和培養同理心來說相當重要。

透過廣泛認真地閱讀，每個人都可以拓寬視野、獲得新見解，以更豐富的理解方式解決問題。

他明白失敗是學習中不可或缺的一環。接受失敗，從自己的錯誤中學習，才能在研究中取得重大突破。

每個人至少都有過一次失敗的經歷，然而，如果以積極的態度面對失敗，便能激發人們成長和學習，帶來許多好處。失敗可以幫助我們學習，如何更妥善應對未來可能遇到的類似情況，同時也鼓舞我們做更多閱讀與尋找解決問題的方法。

愛因斯坦也以他創新和非傳統的解決問題方式而聞名。藉由跳出框架思考、接受失敗風險和挑戰傳統智慧，他得以提出開創性的解決方案。

如何像科學家一樣失敗

阿爾伯特・愛因斯坦的理論徹底改變了人類對宇宙的看法，塑造了當代的文化。然而，即使是最具開創性的思想也可能會犯錯，愛因斯坦獲得許多寶貴的科學成就，但他也有過不少錯誤。

他最大的三個錯誤有關宇宙常數（cosmological constant）、量子力學（quantum

mechanics）和引力波（gravitational waves）。儘管如此，這些失誤恰恰強調了科學的鍥而不捨——經過不斷測試和再測試，終於獲得準確的結果。

從某種意義上來說，正是這種試錯的過程，推動了科學的進步。在愛因斯坦等偉大思想家的引領下，人類得以更加理解宇宙。以下是愛因斯坦三個最大的「失敗」（跟他實際取得的成就相比，這個詞也許有點太過嚴苛，尤其最終他可能還是正確的）：

- **宇宙常數**：一九一七年，愛因斯坦將「宇宙常數」帶入廣義相對論方程式，解釋他觀察到宇宙看似靜止不變的事實。然而，愛因斯坦後來發現宇宙實際上正在膨脹，他撤回了該常數，並將其稱為他的「最大錯誤」。
- **量子力學**：雖然愛因斯坦以其在理論物理學上的開創性聞名，但他從未完全接受量子力學的影響。他的名言「上帝不會玩骰子」，表達了他對宇宙必須有一種基本秩序和可預測性的信仰。然而，量子力學後來被證明是宇宙運作的基本部分，已經從多次實驗中得到證實。

- **引力波：**一九一六年，愛因斯坦根據他的廣義相對論預測引力波的存在。然而，後來他認為這個想法沒辦法進行實驗測試，並將其從他的計算中刪除。直到二〇一五年，激光干涉引力波天文台（LIGO）檢測到了引力波，證實了愛因斯坦在一百多年前首次提出的預測。

在哥倫比亞大學研究大腦生物學，並著有《失敗：為什麼科學如此成功》（*Failure: Why Science is So Successful*）一書的史都華．費爾斯坦（Stuart Firestein）堅信，失敗是科學中最重要的部分。他認為當一個實驗的結果不如預期時，代表過程可能遺漏或做錯了某些事情。

因此，研究人員被迫要重新評估他們的想法、方法和假設，才能提出更有依據的假設和更準確的預測。

正如費爾斯坦所言，**「失敗」包含巨大的價值，讓我們理解自身的錯誤，並找出該往何處前進**。

雖然大多數人天生對失敗有種厭惡感，但事實上，它是促進成長和發展最重要的來源之一。根據科學家史都華・費爾斯坦的說法，失敗可以被視為通往未知領域的「入口」，引導人們提出更深入和更有意義的問題。這些問題會激發進一步的調查、實驗和原創思想，對研究人員來說具有開創性意義。

費爾斯坦鼓勵科學家不要害怕失敗帶來的模糊性；他堅持：「人們能發現最好

的東西，可能是一個新問題或更好的問題。」而這種問題通常來自於失敗。總之，失敗不是阻礙，實際上它可能是人類最大的動力，因為它推動科學前進到未知的、有待發現新事物的領域。

學校的傳統教學方法，著重將大量資訊和事實灌輸給學生，卻不在意情境脈絡。然而，這種方法過於簡化科學背後的過程，沒辦法讓學生為實際的科學探究做好準備。

正如費爾斯坦所指出，教科書並不會告訴人們為什麼要做這些實驗，也不會提及曾經失敗的經驗，只呈現出成功的結果。到頭來我們只探索了百分之十的科學，而不是對整個領域有更完整的理解。這種一知半解的狀況，剝奪了人們在校園之外，探索生活其他方面所需的關鍵能力。

史都華・費爾斯坦在對非正式科學教育提供的創意方法中，強調把失敗的細節一併納入其中的重要性。費爾斯坦沒有將失敗視為挫折，反而認為失敗會引發批判性思考，進而產生聯繫和挑戰。

例如，在實驗期間發生失敗的結果時，科學家必須問自己：「是什麼導致了這個問題？」、「是否有別的處理方式？」培養好奇心和對技術存疑，與取得重大科學研究成果一樣重要。

此外，讓年輕科學家們在早期探索之旅中，就先接觸這些「失敗」的經歷，會使他們更好奇、更無所畏懼；這個領域不再僅由從不犯錯的菁英天才組成，而是由像他們一樣，經常從錯誤中學習的人組成。

錯誤和失敗是科學探索過程中不可避免的一部分。理解這一點，有助於讓對科學感興趣的人，在面對頻繁的失敗時更有信心。從錯誤中學習可以導向更大的成功，看看艾薩克·牛頓充滿缺陷的重力理論，卻促成了愛因斯坦在兩百年後的貢獻，由此可知箇中道理。

我們需要意識到，失敗是一件健康的事，因為它突顯了知識的不足，鼓勵人們尋找解決方案並擴展理解。學會如何應對失敗，應該是每個新興科學家的必備技能之一，使他們在推動科學進步方面更上層樓！

像科學家一樣經歷失敗，接受生命的探索本質，一切都是嘗試，每次失敗都是一次學習經歷。採用成長的心態，將不確定性視為正在學習和成長的跡象。

科學方法被普遍認為是獲取新知識最嚴謹的方式之一。過程包括提出假設、進行實驗、測量結果，並根據實驗結果修正假設。學習科學家的失敗精神，是增加生產力和創造力最有效的心智模型之一。以下是一些在日常生活和工作中，應用科學理念的實用方法：

用「探索」代替「模仿」

在努力創造非凡之際，有時可能會發現自己正在模仿他人的軌跡，落入比較和競爭的狀態。然而即使感到困難，還是要勇敢開拓新的道路，才能真正實現獨特的突破。

藉由探索和接受未知，人們可以冒險、發現具有成功潛力的不同觀點和想法。

歷代的成功人士都克服了模仿綜合症、自我懷疑或對失敗的恐懼，以實現他們的夢想。勇於追求尚未被證明的事物，將自己的才華投入實驗性的情境中。畢竟，只有用探索取代模仿，才能看見真正的創新浮現。

探索讓人們找到自己獨特的方法和風格，使自己有別於他人，還能帶來更大的成功。舉例來說，與其跟隨同行中某家成功企業的行銷策略，不如探索更適合自身品牌和目標受眾的替代方法。嘗試新的行銷策略，對實驗保持開放態度，或許就會發現接觸客群的新方法，從競爭中脫穎而出。

總而言之，雖然模仿看似是種安全的選擇，但它限制了創意和創新的潛力。另一方面，探索則開闢了新的可能性，帶來開創性的發現，使人脫穎而出。

提出好的問題

提問是一項寶貴的技能，對於溝通、研究、發展和自我反思至關重要。有時我們容易陷入提出「空洞」問題的陷阱，也就是答案已經包含在問題本身。要記住，問題的質量和數量一樣重要。

無論處於何種情境，最有力的問題都是「為什麼？」和「如果……呢？」。有時甚至只是簡單地問「如何……？」，也可以帶來洞察和新知識。有鑑於此，無論是與他人一起，還是反思自身的思緒或構想，不妨抽出一些時間練習提出好問題。

提出良好的問題有助於人們更深入瞭解情況、產生新的想法，進而找到創意解決方案。以下是一些不同類型提問的範例：

- **「為什麼？」**這個提問有助於理解問題的根本原因。詢問某事為何發生，揭露可能導致問題的潛在原因。

範例：為什麼這個專案失敗了？是因為資源不足、規畫不良還是溝通失誤？

- **「如果……會如何？」**（What if？）這個提問鼓勵探索不同的可能性和情景，幫助我們產生新想法，找到創新解決方案。

範例：如果我們嘗試不同的產品行銷方法會如何？如果我們與一家相關的企業合作以吸引新受眾會如何？

- **「如何……？」**這個提問有助於理解實現目標或解決問題涉及的過程或步

驟。可以將複雜的問題分解為較小、可管理的步驟。

範例：我們該如何提高客戶滿意度？我們應該專注於改進產品、客戶服務，還是兩者兼顧？我們如何衡量努力後的成果？

藉由提出良好的提問，更深入地瞭解問題，探索新的可能性，進而找到創造性的解決方案。

建立學習迴圈

遵循科學方法是有效的學習方式，它能夠在解決複雜問題的過程中提供反饋和演進。想要建立一個學習迴圈，就得先選擇一個假設（你希望測試什麼？可以是某個想法或因果關聯），設計實驗來測試該假設，觀察實驗結果，根據觀察到的情況對其初始思維模型進行調整，然後重新開始，重複該迴圈。

這種實驗和數據收集的過程，提供了如何實施最佳想法的見解，讓我們從錯誤中成長。使用學習迴圈方法，就能以真實數據制定更好的想法，而不只是依靠猜測或直覺。

以下是創建學習迴圈的基本步驟：

- **確定你的假設或目標**：你想學到什麼？你想實現什麼？
- **設計一個實驗**：你將採取什麼行動來測試你的假設？你需要哪些資源？潛在的風險和好處是什麼？
- **採取行動**：實施你的實驗並收集結果數據。進行觀察、記錄結果，注意任何意外的發現。

- **分析結果：**評估數據，以確定你的假設是否得到支持或被推翻。你學到了什麼？有什麼讓你驚訝的？你獲得了什麼見解？
- **調整你的思維模型：**利用所學完善你的假設和思維模型。如何應用新見解改進你的技能或實現目標？你可以對你的方法做出哪些變化？
- **重複這個過程：**根據所達成的結果，制定新的假設或完善現有的假設，重複這個循環。繼續學習、實驗和優化你的方法，持續改進。

遵循以上步驟，創建一個學習迴圈，就能持續改進自己的技能、知識和表現。

進步比成功更值得慶祝

「為了進步而慶祝，勝於為成功喝采」——認可和欣賞朝向更大目標邁出的小進步，而不是只關注最終結果。這種方式是從學習和成長的過程中，尋找快樂和滿足，而不只是等待最終的巨額回報。

此心態有助於培養一種成長思維，將學習和改進視為持續且有價值的過程。慶祝進步還有助於保持動力，讓人們得以繼續努力下去，即使離終極目標還有很大一段距離。

以下是一些範例，有助於調整我們的觀點：

- 與其設定減重二十磅的目標，不如為一個星期每天都去健身房而慶祝。
- 與其在工作晉升後才慶祝，不如慶祝按時完成了一個項目，並獲得同事的正面回饋。

- 與其達到一定程度的社交媒體粉絲數才慶祝，不如慶祝持續發布高質量內容並有觀眾參與互動。
- 與其寫完一本書後才慶祝，不如慶祝在一個月內每天都持續寫作，並完成了一定字數。
- 與其實現財務自由後才慶祝，不如慶祝一個月內都謹守制定的預算。

安排反思時間

建立一個有意識的高效工作日程，可以讓我們在不犧牲精神健康和福祉的情況下完成工作。在這個日程中最重要的部分，是為自我反思騰出一些時間。科學證實，這種訓練有助人們更加瞭解自己，管理表現，解鎖一些平時想不到的創意解決方案。

定期寫日記是實現反思時間的一種方法，但進行每週回顧是更簡單的方法，將自我反思分為不同的類別，例如成就、目標、計畫、機會和紀律。每週安排一些時間，完成這個有意義的任務，人們便會發現對自己的長期計畫充滿了新的活力和動力！

學習科學家的失敗精神，讓每次測試都成為一次學習經歷，如此便能調整和完善自己的假設，直到找到正確答案。將失敗視為過程中不可或缺的部分，教導了我們採取成長思維，學習像歷史上一些最偉大的思想家一樣解決問題。

像愛因斯坦一樣解決問題

阿爾伯特・愛因斯坦曾說：「**如果我有一小時的時間解決一個問題，而我的生命取決於它，我會花五十五分鐘定義問題，然後用五分鐘來解決它。**」這句話常被認為過於誇大，但請記住，大多數解決方案的效果，取決於所要解決的問題質量。

花時間來定義、精煉和分析情況，使我們能更清晰理解需要解決的問題。如此不僅會帶來更多解決方案，還可以產生更高效的解方。最重要的是，清楚定義問題，會讓我們覺得自己的投入產生了實質的影響力——這是所有人都在追求的目標。

阿爾伯特・愛因斯坦的這句名言，完美地總結了在嘗試解決任何問題之前，先仔細評估問題的重要性。在幾乎所有的事情中，想讓努力有所成果，都需要先深刻理解問題的細微差異，而在著急尋找解決方案時，往往會忽略這些細節。

花時間徹底定義問題，深入瞭解它，進而以更好的角度來應對，提高解決問題的成功機率，在許多情況下也會節省更多時間。

許多成功和創新的發明，都源於解決問題或應對特定挑戰的需求。事實上，在某些科學、技術和醫學領域中最重大的突破，都是來自那些專注解決或探索特定問題的研究人員和發明家，而非單純為了創新而創新。

專注解決特定的問題，讓發明家和創新者得以更深入地理解涉及的所有問題，識別潛在解決方案，並且測試和完善自己的想法，直到找到可行的方法。這種做法會帶來更有效、更深遠的影響，勝過單純尋求新穎和獨特的創意解方。

因此，如果想要創新或提出新的想法，先尋找能讓自己充滿熱情去解決的問題或挑戰。這可以提供明確的努力目標和方向，並幫助我們在找到解決方案的過程中，保持專注和動力。

傑．索倫森（Jay Sorensen）是咖啡杯套這個巧妙設計的發明者，日常經驗為他帶來了這個點子。某次他開車載女兒上學時，一杯熱咖啡灑在他的膝蓋上，激發了他的靈感。

這件事證明，不必總是刻意尋找創造性解決方案——**「需要」才是發明之母**。誰會想到像咖啡杯套這種簡單的東西，就可以解決這類日常問題呢？如今，咖啡杯套不僅為了方便而使用，還能讓拿著熱咖啡的人不會燙傷自己。多虧這項實用發明，有數百萬人可以放心地品嚐他們的熱飲，不用擔心飲料過燙帶來的不適。

傑・索倫森並不是為了展現創意才發明咖啡套，他只是需要找到解決問題的方法，而這就是人類改變世界的方式。

以下是一些在現實生活中，為了解決特定問題而產出創新解決方案的例子：

- **便利貼**：在一九七〇年代，3M的研究員史賓塞・西爾弗（Spencer Silver）本來想創造一種超強黏著劑，但最終卻創造出一種黏度弱、可重複使用的黏著劑。直到他的同事阿特・弗萊（Art Fry）努力想讓書籤固定在教堂的詩歌本上，他們才意識到，這種黏著劑可用來製作能輕鬆拆卸和重複使用的便利貼。
- **Airbnb**：二〇〇七年，舊金山的兩位室友布賴恩・切斯基（Brian Chesky）和喬・吉比亞（Joe Gebbia）為支付房租而苦苦掙扎。此時，他們注意到在舉辦某個大型設計會議的期間，市內的很多飯店都已經爆滿，於是決定在客廳出租氣墊床提供會議參加者，Airbnb也應運而生。

- **戴森吸塵器：**一九七〇年代，詹姆斯・戴森（James Dyson）對他使用的吸塵器吸力太差感到失望，於是決定自己設計一款。他花了多年的時間設計和測試不同的原型，最終開發出一款無袋吸塵器，使用旋風分離技術捕捉灰塵和碎屑。

如何識別不同層次的問題

問題會以各種形式和不同的複雜程度出現，優先識別正在處理的問題類型，是決定要投入多少努力，以生成創新解決方案的關鍵。

有些問題可以透過集思廣益和傳統的問題解決策略，迅速產生可用的想法，而另一些問題可能需要更多的研究和探索，才能找到確實可行的解決方案。瞭解問題的類型，是制定有效解決方案策略的重要起步。

真正的突破都是發生在問題被識別、解決方案被開發出來之時。問題迫使人們思考如何才能改進，「觀察問題」則是個很好的開始。

第一類問題是已經存在有效解決方案的挑戰。

例如，在炎熱潮濕的氣候中，利用風扇和空調已經足以應付環境。由於這些現有的解決方案就能實現目標，要在這些方案上進行改進，使它們變得更優化，會是極具挑戰性的問題。

因此，在這個領域內的所有發明，都必須達到更好的水準，不僅要超越任何當前的能力，還要滿足性能改進的期望。所以，在這個領域中通常看不到進一步創新的顯著必要性。

第二類是長期存在但尚未找到解決方案的問題。

面對長期存在且尚未找到解決方案的問題，很容易感到沮喪或不知所措。然而，重要的是要記住，這類問題通常需要創意和創新的解決方案，必須得花點時間、堅持不懈才能找到前進的路。

以下是一些長期存在且尚未找到解決方案的問題：

- **氣候變遷**：儘管經過數十年的研究和倡導，氣候變遷問題仍在惡化，目前尚無明確的解決方案。然而，許多人和組織正在努力開發新技術、政策和實踐，幫助應對這個問題並減輕影響。

- **收入不平等**：在全球許多國家，最富有和最貧困的人群間的差距持續擴大。雖然人們針對這個問題已付出各種努力，包括政府政策和社會計畫，但仍然需要大量的投入才能確保每個人都可以獲得食物、住所和醫療等基本需求。

第三類問題是解決方案已存在，但仍有缺陷的問題。這些問題是創新的絕佳機會，因為它們提供了在現有技術基礎上改進的契機。例如，智慧型手機就是一個很好的例子，它在現有設計的基礎上添加了更多功能。如果靈感湧現，想要挑戰解決第三類問題，明智的做法是先從較低難度的第一類和第二類問題開始，獲得關鍵經驗，有助於引導接下來的工作。

以下是第三類問題的範例：

- **交通壅塞**：儘管許多城市已經實施了各種策略減緩交通壅塞，例如高乘載車道和公共交通系統，但這些解決方案通常是不完整或不足夠的。在減少交通壅塞和提高交通效率方面，仍有很大的改進空間。
- **醫療保健管道**：儘管許多國家已經建立了醫療保健體系，但仍有許多人因財政或地理障礙，無法獲得基本的醫療保健服務。使醫療保健更具創新性和可及性的創新可能，對改善整體健康福祉將產生巨大的影響。
- **能源效率**：儘管有許多提高能源效率的方法，例如使用節能燈泡或安裝太陽能電池板，但仍然需要投入大量心力，才能使能源的生產和消耗更有永續性和效率。

好消息是，收集多個觀點和視角來清晰定義問題，是一項可學習和發展的技能。因此，我們可以採用許多策略完善這一技能。以下是十個最有效的策略：

1. 重新陳述問題

很明顯地，在解決問題時，措辭具有不可低估的影響力。相同的詞語可能具有不同含義，從而創造完全不同的觀點。從以下的例子便可以證實這點：一位豐田汽車的高層主管，要求員工集思廣義「提高生產力」的方式，得到的反應卻很冷淡。

當他意識到措辭的重要性時，重新陳述了問題為「讓工作變得更輕鬆」的方式，隨即得到許多有創意的解決方案。儘管看似微不足道，但措辭的調整會導致對同一問題產生完全不同的解讀。因此，在嘗試解決任何問題時，使用有效的語言並考慮聽者的感受至關重要。

自由地重塑問題陳述，不失為讓問題概念變得更清晰的好方法。藉由替換詞彙，例如把「提高」改為「吸引」、「開發」、「延伸」和「重複」等詞語，可以更具體地描繪出需要採取的行動。

擁有豐富的詞彙量對於清晰傳達訊息至關重要，這也意味著，適時查閱詞典或擴展詞彙量是非常有幫助的。

以下是一些有助於說明此概念的範例：

- **原始問題：**

我們如何減少客戶流失？

- **重新陳述的問題：**

我們該如何改善客戶保留率？

我們該如何增加客戶忠誠度？

我們可以做些什麼來防止客戶流失？

我們如何使自家的產品／服務對客戶更具吸引力？

• **原始問題：**

我們該如何減少生產過程中的成本？

• **重新陳述的問題：**

我們該如何增加生產過程的效率？

我們可以做些什麼來簡化生產過程？

我們如何減少生產過程中的浪費？
我們如何優化生產過程中資源的使用？

- **原始問題：**

我們該如何提高員工參與度？

- **重新陳述的問題：**

我們要如何增加員工滿意度？
我們可以做些什麼來提高員工士氣？
我們要如何創造一個更積極的工作環境？
我們要如何賦予員工更多權力，使其更有生產力並投入工作？

2. 揭示與挑戰假設

揭示與挑戰假設是解決問題的關鍵步驟。假設往往容易被忽視，因為它們通常深植於我們處理某些情況的方式中。將所有相關的假設寫出來，讓它們變得更具體、更容易檢視，為問題提供準確的背景。

確定假設後，花點時間評估每個假設是否成立，這麼做會產生寶貴的見解，讓我們知道如何推進計畫。提出假設性的問題，揭示哪些假設可能是錯誤或不必要的。挑戰假設可以揭示未被探索的機會，帶來比最初想像更好的解決方案。

寫下一個列表，盡可能揭示更多假設，尤其是那些看似最「顯而易見」和「不可挑戰」的假設。以下是揭示與挑戰假設的範例：

- **假設：**我們的顧客更喜歡實體店面而不是網路商店。

- **挑戰假設**：這個假設適用於所有的顧客嗎？還是只成立於特定的顧客？可以進行調查或收集數據來確認該假設嗎？是否忽略了網路商店的優勢？
- **假設**：我們需要大筆預算才能發起成功的行銷活動。
- **挑戰假設**：是否有低成本或免費的行銷策略可以嘗試看看？是否分析了以往行銷活動的效果，並找出需要改進的部分？是否可以與其他企業或組織合作，進行互惠宣傳？
- **假設**：我們的團隊需要身處相同的地點才能有效合作。
- **挑戰假設**：是否已經探索了遠程協作工具和平台？是否可以建立定期的線

上會議和溝通協議？遠距工作是否會有任何好處，例如更有機動性並降低經營成本？

- **假設：**我們的競爭對手已經太穩固和成功了，無法與之競爭。
- **挑戰假設：**是否充分研究了競爭對手，並確定他們產品或服務中的弱點或不足之處？是否有任何利基市場或未開發的人群可以設為目標？是否可以透過獨特的品牌、行銷或客戶服務策略產生差異化？

3. 向上歸類（Chunk Up）

在解決問題時，通常需要我們先退一步，從多個視角審視問題。藉由向上歸類分解複雜的問題，使其變得更簡單、更容易理解。而這可以透過從側面或不同「高度」探討問題來實現。

為了從更高、更廣泛的視角看待問題，問自己一些類似「背後的意圖是什麼？」或「這是什麼的一部分？」的提問，有助於更好地理解全局，提供更多解決手頭問題的見解。

將問題陳述中的詞語替換為上義詞（hypernym），讓我們得以用更廣博的視角看待問題。上義詞是涵蓋範圍更廣的詞語，有助於識別問題所屬的更大範疇或概念。例如，如果問題與特定品牌的汽車有關，將「汽車」替換為其上義詞「車輛」，可以幫助辨別此問題屬於更廣泛的交通運輸類別。

使用這種方法，還能找出看似無關問題之間的共同點和關聯，從而出現新的見解和解決方案。

4. 分解問題（Chunk Down）

將一個複雜的問題分解成許多較小的部分，是一種非常有效的策略。這個過程稱為「分解思考」，它讓我們深入瞭解自身面臨的挑戰，使問題變得更容易處理。

從心理學的角度來看，這麼做也有其積極的影響，因為處理較小的問題，會比直接應付一個大問題更具可行性。可以對自己提出「這個問題的目的是什麼？」或「它有哪些例子？」等提問。

為了有效地分解思考，必須先專注於情況的具體細節，認知有哪些是需要解決的部分。這種方法有助於發現以前可能被忽視的解決方案。「分解思考」是一種非常有用的工具，在面對任何困難任務或問題時都不容忽視。

詞語替換也能有效幫助分解問題。下義詞（hyponym）是指在含義上更嚴格、具體的詞。例如，「汽車」的兩個下義詞是「小型面包車」和「豪華轎車」。用更清晰的詞語替代較為籠統的詞，能使問題更聚焦、更容易分析。

5. 尋找多重視角

尋找多重視角是解決問題的重要步驟。從不同的角度和觀點看待問題，可以帶來新的見解和被忽視的解決方向。由於人們很容易陷入自己的觀點中，所以跳出自身的立場，考慮其他視角是非常重要的。

尋找多重視角的方法之一，是多次重寫問題陳述，且每次都使用不同的角度。

例如，如果問題是提高一家企業的銷售額，可以考慮從顧客、競爭對手、員工，甚至家庭成員的角度看待這個問題。這將有助於發現以前未被考慮的新方法或解決方案。

另一個重點則是，考慮不同角色的人會如何界定問題。政治家、大學教授或修女會如何處理這個問題？思考不同角色的觀點和方法，識別他們處理問題的相似與不同之處，由此找到新的解決方案。

從多個角度重新審視同一挑戰，將帶來有價值的洞見，從而更有效地解決問題。現在，假設問題是如何改善城市的公共交通系統，為了尋找多個觀點，請考慮不同群體的人，可能會如何處理這個問題。以下是一些範例：

- **通勤者的觀點**：從通勤者的角度來看，這個問題可能關於如何讓公共交通更可靠和高效，使班距變得更頻繁、更準時到站。

- **年長市民的觀點：**從年長市民的角度來看，問題可能關於如何使公共交通更加無障礙和貼心，提供更多座位和輪椅友好的設施。
- **城市規畫者的觀點：**從城市規畫者的角度來看，問題可能是如何設計一個與其他城市系統（如自行車道或行人道路）整合的公共交通系統，以鼓勵可持續和高效的運輸。
- **企業主的觀點：**從企業主的角度來看，問題可能是如何使公共交通對客戶更便利和實惠，提供更多路線並擴展服務範圍。
- **遊客的觀點：**從遊客的角度來看，問題可能關於如何使公共交通對用戶更加友好並提供豐富的訊息、清晰的地圖和標誌，以及多語言支持。

考慮這些不同的觀點，人們將更加理解問題，尋找出全面的潛在解決方案，以滿足不同人群需求。

6. 使用有效的語言結構

在撰寫問題陳述時，使用有效的語言結構至關重要。以下是一些有助於提高問題陳述效果的技巧：

假設有無數個解決方案，不要問「我該怎麼樣才可以……？」而應該問「我可以用什麼方式……？」如此能幫助大腦生成多個解決方案，而不是專注於單一方案或甚至沒有解方。

讓問題陳述具有積極性，避免使用消極的句子，因為它們會需要更多的認知能力來處理。相反地，使用能激勵你找到問題背後真正目標的正面陳述。例如，不要尋找「戒菸」的方式，而是將目標轉為更有價值的「增強能量」或「延長壽命」。

除了假設無數的解決方案和使問題陳述具有積極性之外，以問題的形式來構建問題陳述也很有效。大腦喜歡問題，它會立即開始解決問題，即使在人們沒有意識的情況下，它也默默運作著。

如果還是被問題卡住，建議使用以下公式構建問題陳述：「有哪些方法可以＋（行動）＋（對象）＋（限定詞）＋（最終結果）？」例如：「有哪些方法可以包裝我的書，使它變得更吸引人，有更多人購買？」利用這個公式，將問題拆解成具體的小部分，並針對每個部分生成想法，這樣將有助於更具創造性地思考，提出創新解決方案。

7. 使其更有吸引力

在解決問題時，擁有良好的心態相當重要。然而，即使擁有最好的意圖並且充滿動力，設定的任務或目標也得具有吸引力才行。確保問題陳述不僅聽起來合理，還能引起共鳴並激發興趣，如此才能讓創意發揮不可思議的效用，而且使人感覺更加投入。

這將激發我們的動力，獲得找到出色解決方案的機會。因此，盡可能花時間確保問題陳述精采有趣，長遠來看將大有助益。

8. 反向思考

在陷入困境、無法找到解決方案時，反向思考會成為一個實用且強大的工具，即使是看似簡單的問題也可能受益於此。例如，與其試圖找出增加銷售的方法，不如發揮創意、集思廣益，思考如何減少銷售。從中我們可能會發現導致目前問題的深層和根本問題，以及潛在的解決方案。

從相反視角看待問題，問題就會逐漸變得明顯。最初使用這個方法，可能會感覺不自然或不直觀，但改變問題的方向可以使其以全新且有趣的方式展開。這是一種簡單而有效的策略，在面對困難的問題時可能帶來顯著成效。

9. 收集事實

面臨問題時，收集事實並調查問題的原因和情況非常重要。這有助於人們更好地理解問題，識別可能的解決方案。

如果問題過於模糊，先調查事實通常會比嘗試立即解決問題更有成效。例如，如果你的配偶說：「你從來都不聽我說話。」這種陳述太模糊，解決方案並不明確。但是，如果他們說：「當我和你交談時，你跟我都沒什麼眼神接觸。」解決方案就很明顯了，甚至可以完全跳過集思廣益的過程。

為了收集事實，可以提出以下問題，比如：「關於這個問題，還有哪些未知的因素？」、「你能畫出問題的圖示嗎？」、「問題的界限是什麼？」保持好奇心，提出問題。請記住，若能明確定義問題，問題就已經解決了一半，而一個被完美定義的問題就不再是個問題。

例如，若某個人晚上很難入睡，問題陳述可能是「我睡不著」，但這是一個非常模糊的陳述，沒有提供任何有關問題的原因或情況。

為了收集更多事實，請提出這樣的問題：「從什麼時候開始變得難以入睡？」、「是否與最近生活中的變化有關？」、「是睡不著還是淺眠？」、「是否有其他症狀，例如睡覺時會打鼾，或是睡醒後感到疲勞？」

藉由調查問題的原因和情況，可能會發現問題與工作或家庭壓力、不舒適的睡眠環境和醫療條件（如睡眠呼吸中止症）有關。有了這些訊息，便可以開始集思廣益，找出潛在的解決方案，例如壓力管理技巧、改變睡眠環境或尋求醫療建議。

透過這種方法，不僅能更清楚地定義問題，還能提供具體且可行的解決方案。

10. 解決你的問題陳述

定義問題是解決問題的關鍵步驟，而且通常比實際解決問題更具挑戰性。花時間正確定義問題陳述，收集所有必要的事實和訊息，對尋找有效的解決方案來說至關重要。使用像是「SCAMPER」創意思維技巧、創意配額和問題清單等技巧，將有助於定義問題。

「SCAMPER」是替換（Substitute）、結合（Combine）、適應（Adapt）、擴大（Magnify）、另作他用（Put to another use）、消除（Eliminate）以及反轉（Reverse）的縮寫。該技巧鼓勵人們針對問題的每個元素提問，例如：「我可以替換什麼使這個問題更容易解決？」或「我該如何反向思考這個問題，創建解決方案？」

記得要將問題陳述以問題的形式建構，假設該問題有多種解決方案，同時使用積極的語言。透過實踐和耐心，在定義問題和解決問題之間取得平衡後，收穫將相當可觀。

「創意配額」是另一個針對特定問題，生成大量想法或解決方案的技巧。其概念為給自己設定一個目標數量的想法，例如二十、五十甚至一百個。強迫自己在覺得已經想不出新點子時，繼續提出新的解決方案。

例如，有群人正試圖為一個新產品提出銷售點子，他們可以把提出五十種不同的創意想法作為目標。最初的幾個想法可能比較普通或老生常談，但隨著他們繼續產生其他想法，很可能會開始更有創意地思考，提出獨特的解決方案。當達到五十個想法的目標時，往往會找到一些值得進一步研究的有力候選方案。

「問題清單」則是針對特定主題進行腦力激盪，列出相關問題。藉由創建一個全面的問題列表，識別出在其他情況下，難以察覺的問題模式和根本原因。

使用這些技巧，將擴展人們對問題的思考，提出更具創意和有效的解決方案，並有助於充分探索問題的範圍和細節，而不是急於找到解決方案。

在現今的世界，必須仰賴深度思考和創造力來解決問題，而大量閱讀可以幫助人們培養這些能力。沉浸在文學中，接觸不同的觀點，這些觀點或許會讓我們以新的方式處理問題，或是協助我們找到傳統方法無法揭示的解決方案。

隨著理解力的提升和思維的開闊，便能夠找到出奇制勝的方法，為任何形式的探究開啟無限可能性。就問題解決而言，大量閱讀對於任何在尋找答案或創新解決方案的人來說，是一項寶貴的資產。

成為一位渴望閱讀的人

愛因斯坦在物理上的成功，源於他多年來對歷史上最偉大思想家的深入學習。他熱烈地想要站在知識前線的決心，體現在他廣泛閱讀的興趣，以及大量的個人藏書中。

儘管他因傑出的成就而聞名，卻仍不斷致力於向過去的學者汲取智慧，這不僅激發了他對知識的激情，以及對新發現的渴望，還促使他不斷地突破界限。偉大理論家對愛因斯坦的影響，至今仍反映在物理學眾多的文章、論文和研討會中，這些學術作品不但承認、也繼承了這些偉大思想家的理念。

愛因斯坦著名的龐大藏書中，收錄了一些當時最偉大思想家的重要著作。其中包括物理學家波茨曼（Boltzmann）、赫爾姆霍茲（Helmholtz）和馮・洪堡（von Humboldt）的作品，同時也包括康德（Kant）、萊辛（Lessing）和叔本華（Schopenhauer）等哲學家的著作。

此外，還有一些知名作家的作品，如海涅（Heine）、布希納（Buchner）和尼采（Nietzsche）。根據《愛因斯坦的二十一世紀》（*Einstein for the 21st Century*）編輯所說，這些非凡的藏書是影響愛因斯坦科學哲學思想的重要著作。

阿爾伯特・愛因斯坦被譽為歷史上最偉大的思想家之一，閱讀在他的成就中具有關鍵作用。我們應該像愛因斯坦一樣，立志成為一位渴望知識的讀者。因為閱讀會帶來廣泛的益處，它擴展了知識、培養批判性思維的技能，並提供對不同文化和觀點的見解。

此外，閱讀有助於詞彙的發展，豐富寫作實踐，並提高學術追求所需的理解能力[1]。從本質上來說，像愛因斯坦一樣熱愛閱讀的人，能為長期的智力卓越發展奠定基礎。

儘管大眾普遍認為，提升閱讀速度是閱讀更多書籍的唯一方法，但科學尚未證明其有效性。萊恩．霍利得（Ryan Holiday）也提供了不同的觀點。他認為，改變對閱讀的看法，將引導人們更好且更頻繁地閱讀。

與其把閱讀視為一個任務或義務，不如把它視為像吃飯或呼吸一樣自然而輕鬆——不須刻意為之的事情。這種新觀點，是改善閱讀習慣和駕馭文學的關鍵。

根據霍利得的觀點，人們應該刻意安排固定的閱讀時間，並更加謹慎地管理自己的開支，以提升對書籍的重視。閱讀應當被視為可以提供價值的活動，是度過時間的好消遣。

為了充分利用這段時間，霍利得建議，隨時隨地都把書拿出來閱讀，比如用餐、搭乘公共交通工具，或是看醫生時。利用生活中的零碎時間學習，便不會感到匆忙或不知所措。

透過理解閱讀的真正意義，在「需求」和「可能性」之間設定界限，就可以充分享受閱讀的過程，細品在文學之旅中發現的一字一句。

書籍數千年來都是無價的資源，幫助人們精通各種學科，或尋獲挑戰性問題的解方。閱讀這些智慧的典籍獲得洞察力，瞭解那些已被前人證實成功的方法，從而

1 Freire，1983。

節省時間和精力，達到相同的結果。書籍是一項不可或缺的工具，使人們解鎖比自身所擁有還要豐富的知識。

根據霍利得的說法，閱讀不僅僅是為了娛樂：

「閱讀的目的不僅是獲得原始知識，它是人類經歷的一部分。幫助你找到意義，瞭解自己，還能改善你的生活。」

如何避免忘記所讀內容

有兩種主要的方式。第一種方法關於理解大腦記住事物的兩種機制之間的區別，這兩種機制分別是「識別」和「回憶」。第二種方法則關於人類會根據閱讀時所做的事情，來記住訊息的能力。

為了更好地記下所讀的內容，瞭解「識別」和「回憶」之間的區別非常重要。「識別」是指大腦記住已讀內容中的特定訊息片段，而「回憶」則是在腦中重現訊息或事實。充分利用這兩個過程，可以幫助我們不再忘記閱讀過的內容。

此外，我們能夠記住某事的程度，通常取決於閱讀時選擇搭配的活動，例如畫重點或大聲朗讀。因此，積極地與學習資料互動，幫助大腦識別和回憶訊息，是減少忘記所讀內容的有效方法。

「識別」是一個重要的記憶技巧，它發生在人們將某物與腦中的圖像聯繫起來的時刻。這種技能貫穿於人的一生——在觀察海鷗、聽到某人提到的名字，或閱讀這頁的文字時，人們會將這些東西，與存儲在記憶中的圖像聯繫起來。

另一方面，「回憶」則是在無預警的情況下找到答案的能力，它包含了記住先前已知的事實，或從手頭上有限的訊息中，明智地推斷答案。因此，「回憶」讓那些僅「識別」某事的人，和以更高效率主動記住訊息的人有所不同。

如果僅僅依賴「識別」閱讀一本書，來保持記憶和回憶可能很困難。當以識別來閱讀時，通常只是辨認單詞，而沒有足夠的時間思考其含義，這可能會減弱作者想表達的內容。

在大多情況下，人們花更多的時間，試圖理解書中所說的內容，卻無法從中獲得有益的訊息。然而，在好的寫作中，通常不需要依賴回憶，因為作者會澄清和闡明已經提出的觀點，避免混淆的發生。

當人們花時間閱讀一本書時，是希望能確保內容被記住而不是遺忘。要吸收整本書的內容，可能很有挑戰性。為了讓所有的知識都深刻印入記憶中，在腦中默記並積極參與閱讀過程將很有幫助。

回憶資訊的能力，為人們在工作內外都提供了優勢，因為它可以應用於考核或與同事進行討論時。透過定期練習，某些事實、重要數據和公式等內容，會從短期的理解轉化為長久的記憶。

提問記錄法

在閱讀時做筆記，是保存長期記憶的有效工具。儘管將主要想法總結下來的方式可能很吸引人，但研究顯示，提出問題反而才會增強記憶力。生成並記下問題，可以與正在思考的資訊建立更深入的聯繫，提高回憶能力。

此外，找到提問的答案，有助於增加對主題的理解層次。積極學習是保留長期記憶的最佳策略之一，使用筆記來提問並探索潛在答案吧！

閱讀時若想創建提問，記得要牢記個人的目標。一次問太多問題可能會造成負擔，降低閱讀的樂趣。針對大多數的書籍，每章提出幾個問題就夠了。

對於暢銷書籍，綜合起來的十幾個問題，應該就可以涵蓋書中主要觀點和核心內容。為了方便日後清晰查閱，建議在問題旁記下答案所在的頁碼，節省從頭翻閱的時間——知道問題的答案在第三十六頁，將大大節省我們的精力。

強納森·楊（Jonathan Young）是一位作家和熱愛閱讀的讀者，他知道如何在娛樂或教育目的下充分利用閱讀。為了幫助其他讀者，他建議在任何書籍中限制自己每章只提出一個問題。

根據楊的說法，試圖記住書中的每個細節不僅令人吃不消，可能還會阻礙學習額外資訊的渴望。他建議使用簡單的筆記方法：對紙質書籍，只需一張索引卡或折疊的紙張，而電子書閱讀器則可以利用數位標註功能。如此一來，狂熱的讀者便能專注於享受閱讀，不必擔心遺漏任何重要的內容。

用一些技術來記錄筆記或問題可能會有點困難，尤其是對已經習慣用傳統筆記方法的人們來說。但不要感到害怕！透過幾個簡單的步驟，即可輕鬆過渡。

如果是紙質書籍，建議使用一張索引卡記下所有想法——既節省時間，又便於攜帶，而且還可以拿來當書籤。另一方面，如果使用Kindle等類似的數位媒體閱讀器，則可以動態存儲所有問題和記憶在註釋中，筆記就再也不會搞丟了！

本章重點

- 許多科學家認為失敗是科學方法中不可或缺的環節。對他們來說，這不是挫折，反而證明了自己正走在正確的軌道上，並且透過每次的嘗試學習到更多。
- 像科學家一樣具備失敗的精神，接受生命的探索性質，培養成長型思維。這種看待世界的方法允許自己接受不確定性，且認為不確定性會帶來進步的機會。
- 科學過程包含提出假設、進行實驗、測量結果，並根據實驗結果修改假設。
- 如果愛因斯坦有一小時的時間，解決一個困難的問題，他會先花五十五分鐘定義問題和潛在的解決方案，接著花五分鐘解決問題。這句話提出了一個有效的觀點：試圖解決問題之前，應該先退一步，花時間和精力更妥善地瞭解問題。在嘗試剖析和解決問題之前，更重要的是識別問題的層次。

- 阿爾伯特．愛因斯坦在物理學上的卓越成就，源於他對知識的細緻關注。作為一位熱愛閱讀及收藏書本的人，他貪婪地沉浸於歷史上許多思想家的優秀作品中。這使他能保持領先地位，不斷拓展界限，利用累積的智慧探索新的發現。
- 從如何記錄可靠的筆記，到練習運用間隔重複法，都是可以有效提升學習效率的技巧。
- 為了更好地記住所讀的內容，關鍵在於理解「識別」和「回憶」之間的區別。「識別」是大腦從所讀的內容中，記住特定的訊息碎片，而「回憶」則是在腦中再現訊息或事實。結合這兩種方式，將幫助人們避免忘記所讀的內容。

各章提要

第一章：好奇心是關鍵・如何保持專注

- 好奇心是學習和探索的渴望，推動人們去冒險、提出問題、尋求新經驗。好奇心也是驅動愛因斯坦卓越開創的力量，激勵他勇敢探索未知領域，觸及遙不可及的事物。
- 從基本事物開始，建立堅實的基礎，提高好奇心，以提出更好的問題。探索所學之物為何對自己和他人都同樣重要。深入探討不可能的事情，突破界限、挑戰假設，認識並面對個人偏見，提出跟進問題來深入挖掘，養成像科學家一樣的記錄習慣，有助於提高觀察力和識別相關細節。

- 愛德華・L・迪奇將內在動機定義為內在驅動力，它來自內心，使我們能自我激勵並在追求目標時取得成功。這種動機的特點是人們傾向參與自己的興趣，並在尋找和掌握最佳挑戰的過程中，發揮本身的能力。
- 重要的是，認知到對動機所擁有的信念，會影響我們的行為和結果。反思過去的經驗，是加速學習和增強內在動機的有效方式。
- 識別驅動力，深入瞭解自己為什麼會有動機，去追求特定目標或參與特定活動，從而在必要時進行反向工程。
- 焦點法則主張專注於少數幾個主要目標，努力達標，成功實現原本難以企及的里程碑。

第二章：建立自主思維——悖論和門徒

- 悖論思維是一種利用悖論和矛盾，來激發新見解和想法的思維方式。包含對模糊、混亂和相反觀點感到自在，以及透過「可以是A，也可以是B」而非「不是A，就是B」的方式來思考、看待世界。
- 重新定義問題是一種強大的技巧，幫助人們應對緊張局勢，找到複雜問題的創新解決方案。承認每種情況或問題都伴隨著緊張，能使我們在不舒服的情況下感到自在。與他人聯繫並尋求他人意見，是改變視角並發現新可能性的一種寶貴方式。對外部意見持開放態度，則幫助我們識別以前未曾考慮的機會。
- 阿爾伯特．愛因斯坦在青少年時期發展了「分心指數」，來衡量注意力集中的程度。他以能在任何任務上，高度集中長達四十二分鐘的專注力而著稱。

- 使用愛因斯坦分心指數：在一張空白紙上寫下「我不會再被這些事情分心」，設置一個五分鐘的定時器後開始閱讀。記錄每一個分心的時刻，然後在心中默讀寫下的句子。當定時器響起時，計算五分鐘內的分心次數。
- 門徒效應是一種心理現象，透過教學、假裝教學甚至計畫教導某個觀念，顯著提高人們的理解力。參與這項活動的人，能更深入地認知當前的主題。

第三章：思想的力量——腦中的世界

- 「思想漫遊」是應對壓力情況的絕佳方法。這項練習可以減輕壓力水平，使人們對眼前的問題有更多的洞察。這種反思的實踐，讓人得以從當下抽離，從而獲得對問題的寶貴洞見。
- 思想實驗是深入研究假設性問題或困境的有趣方式。有助我們更全面瞭解主題，從各個角度理解問題，探索最初可能未曾想過的重要問題。從讓自己感到無聊開始，喚起內心的童真，並沉浸在組合性遊戲中以激發創意。
- 在《愛因斯坦因素》一書中，溫．文格概述了一種稱為圖像串流的有趣實踐。這種方法包含口述頭腦中出現的任何圖像，創建促使個人成長的內部對話。它是一個有價值的工具，有助人們深入瞭解在潛意識中，可能未被注意到的思維模式。

- 圖像串流對許多人來說都很有用，提供了人們擴展意識視野的途徑，使我們比以往更深入地理解自己和周遭世界。

第四章：學習的藝術：失敗‧解決問題‧愛因斯坦的閱讀方式

- 許多科學家認為失敗是科學方法中不可或缺的環節。對他們來說，這不是挫折，反而證明了自己走在正確的軌道上，並且透過每次的嘗試學習到更多。像科學家一樣具備失敗的精神，接受生命的探索性質，培養成長型思維。這種看待世界的方法允許自己接受不確定性，且認為不確定性會帶來進步的機會。
- 科學過程包含提出假設、進行實驗、測量結果，並根據實驗結果修改假設。
- 如果愛因斯坦有一小時的時間，解決一個困難的問題，他會先花五十五分鐘定義問題和潛在的解決方案，接著花五分鐘解決問題。這句話提出了一個有效的觀點：試圖解決問題之前，應該先退一步，花時間和精力更妥善地瞭解問題。在嘗試剖析和解決問題之前，更重要的是識別問題的層次。

- 阿爾伯特·愛因斯坦在物理學上的卓越成就，源於他對知識的細緻關注。作為一位熱愛閱讀及收藏書本的人，他貪婪地沉浸於歷史上許多思想家的優秀作品中。這使他能保持領先地位，不斷拓展界限，利用累積的智慧探索新的發現。
- 從如何記錄可靠的筆記，到練習運用間隔重複法，都是可以有效提升學習效率的技巧。
- 為了更好地記住所讀的內容，關鍵在於理解「識別」和「回憶」之間的區別。「識別」是大腦從所讀的內容中，記住特定的訊息碎片，而「回憶」則是在腦中再現訊息或事實。結合這兩種方式，可以幫助人們避免忘記所讀的內容。

Ideaman 182

最高深度學習法：
開發大腦潛力，快速提升學習質與量，像愛因斯坦一樣學習，
成爲超級知識海綿

Learn Like Einstein (2nd Ed.): How to Train Your Brain, Develop Expertise, Learn More in Less Time, and Become a Human Sponge

作　　者／彼得‧霍林斯（Peter Hollins）
譯　　者／魏岑
企劃選書／韋孟岑
責任編輯／鄭依婷
版　　權／吳亭儀、江欣瑜、游晨瑋
行銷業務／周佑潔、賴玉嵐、林詩富、吳藝佳、吳淑華
總 編 輯／何宜珍
總 經 理／彭之琬
事業群總經理／黃淑貞
發 行 人／何飛鵬
法律顧問／元禾法律事務所 王子文律師
出　　版／商周出版
115台北市南港區昆陽街16號4樓
電話：(02) 2500-7008　傳真：(02) 2500-7579
E-mail：bwp.service@cite.com.tw
Blog：http://bwp25007008.pixnet.net./blog
發　　行／英屬蓋曼群島商家庭傳媒股份有限公司城邦分公司
115台北市南港區昆陽街16號8樓
書虫客服專線：(02) 2500-7718、(02) 2500-7719
服務時間：週一至週五09:30-12:00；13:30-17:00
24小時傳真專線：(02) 2500-1990；(02) 2500-1991
劃撥帳號：19863813　戶名：書虫股份有限公司
讀者服務信箱：service@readingclub.com.tw
城邦讀書花園：www.cite.com.tw
香港發行所／城邦（香港）出版集團有限公司
香港九龍土瓜灣土瓜灣道86號順聯工業大廈6樓A室
電話：(852) 2508-6231　傳真：(852) 2578-9337
E-mail：hkcite@biznetvigator.com
馬新發行所／城邦（馬新）出版集團〔Cite (M) Sdn Bhd〕
41, Jalan Radin Anum, Bandar Baru Sri Petaling,
57000 Kuala Lumpur, Malaysia.
電話：(603) 9056-3833　傳真：(603) 9057-6622
E-mail：services@cite.my

封面設計／萬勝安
內頁設計排版／黃雅芬
印　　刷／卡樂彩色製版印刷有限公司
經 銷 商／聯合發行股份有限公司
電話：(02) 2917-8022　傳真：(02) 2911-0053

2025年03月11日初版

城邦讀書花園 www.cite.com.tw

定價399元　Printed in Taiwan

ISBN 978-626-390-431-6
ISBN 978-626-390-428-6（EPUB）

國家圖書館出版品預行編目（CIP）資料
最高深度學習法：開發大腦潛力，快速提升學習質與量，像愛因斯坦一樣學習，成為超級知識海綿／彼得‧霍林斯（Peter Hollins）作；魏岑譯. -- 初版. -- 臺北市：商周出版：英屬蓋曼群島商家庭傳媒股份有限公司城邦分公司發行, 2025.03
232面；14.8×21公分.
譯自：Learn Like Einstein (2nd Ed.): How to Train Your Brain, Develop Expertise, Learn More in Less Time, and Become a Human Sponge
ISBN 978-626-390-431-6（平裝）
1.CST: 學習方法 2.CST: 健腦法 3.CST: 成功法　521.1　114000473

商周出版

廣 告 回 函
北區郵政管理登記證
台北廣字第000791號
郵資已付，免貼郵票

115 台北市南港區昆陽街 16 號 4 樓

英屬蓋曼群島商家庭傳媒股份有限公司

城邦分公司

請沿虛線對摺，謝謝！

商周出版

書號: BI7182	書名: 最高深度學習法	編碼:

請於此處用膠水黏貼

商周出版

讀者回函卡

線上版讀者回函卡

感謝您購買我們出版的書籍！請費心填寫此回函卡，我們將不定期寄上城邦集團最新的出版訊息。

姓名：＿＿＿＿＿＿＿＿＿＿ 性別：☐男 ☐女

生日：西元＿＿＿＿年＿＿＿＿月＿＿＿＿日

地址：＿＿＿＿＿＿＿＿＿＿

聯絡電話：＿＿＿＿＿＿＿＿ 傳真：＿＿＿＿＿＿＿＿

E-mail ：

學歷：☐ 1. 小學 ☐ 2. 國中 ☐ 3. 高中 ☐ 4. 大學 ☐ 5. 研究所以上

職業：☐ 1. 學生 ☐ 2. 軍公教 ☐ 3. 服務 ☐ 4. 金融 ☐ 5. 製造 ☐ 6. 資訊

☐ 7. 傳播 ☐ 8. 自由業 ☐ 9. 農漁牧 ☐ 10. 家管 ☐ 11. 退休

☐ 12. 其他＿＿＿＿＿＿＿＿

您從何種方式得知本書消息？

☐ 1. 書店 ☐ 2. 網路 ☐ 3. 報紙 ☐ 4. 雜誌 ☐ 5. 廣播 ☐ 6. 電視

☐ 7. 親友推薦 ☐ 8. 其他＿＿＿＿＿＿＿＿

您通常以何種方式購書？

☐ 1. 書店 ☐ 2. 網路 ☐ 3. 傳真訂購 ☐ 4. 郵局劃撥 ☐ 5. 其他＿＿＿＿

您喜歡閱讀那些類別的書籍？

☐ 1. 財經商業 ☐ 2. 自然科學 ☐ 3. 歷史 ☐ 4. 法律 ☐ 5. 文學

☐ 6. 休閒旅遊 ☐ 7. 小說 ☐ 8. 人物傳記 ☐ 9. 生活、勵志 ☐ 10. 其他

對我們的建議：＿＿＿＿＿＿＿＿＿＿

＿＿＿＿＿＿＿＿＿＿

＿＿＿＿＿＿＿＿＿＿

請於此處用膠水黏貼

Idea man